DIE GU-KOCHEN PLUS APP

1 APP HERUNTERLADEN

Laden Sie die kostenlose »GU Kochen Plus«-App im Apple App Store oder im Google Play Store auf Ihr Smartphone. Starten Sie die App und wählen Sie dieses Buch aus.

2 REZEPTBILD SCANNEN

Scannen Sie das gewünschte Rezeptbild mit der Kamera Ihres Smartphones. Klicken Sie im Display die Funktion Ihrer Wahl.

3 FUNKTIONEN NUTZEN

Sammeln Sie Ihre Lieblingsrezepte. Speichern und verschicken Sie Ihre Einkaufslisten. Oder nutzen Sie den praktischen Supermarkt-Finder und den Rezept-Planer.

SEBASTIAN HOFFMANN

ALLE AN EINEN TISCH

...UND ALLES AUF EINEN TISCH

ALLE AN EINEN TISCH
...UND ALLES AUF EINEN TISCH

REZEPTE: SEBASTIAN HOFFMANN | TEXTE: KATJA MUTSCHELKNAUS | FOTOS: SILVIO KNEZEVIC

INHALT
ENTSPANNT EINLADEN, KOCHEN UND GENIESSEN IM ÜBERBLICK

VORWORT 6

WIE DIESES BUCH FUNKTIONIERT 8

REGISTER DER REZEPTE UND HAUPTZUTATEN 210

IMPRESSUM 216

Seite 10

TISCH 1 – POP UP, LITTLE ITALY!
Einfach italienisch, einfach fantastico: Mit Pizzette, Tiramisu & Co. ein unkomplizierter Tisch für laue Sommerabende.

Seite 30

TISCH 2 – DOWNTOWN NEW YORK
Hier kommen die New York Classics auf den Tisch – heiß geliebt, ein bisschen neu und aufregend anders.

Seite 52

TISCH 3 – SIMPLY AFTER WORK
Hier wird's besonders rasant: Keine zwei Stunden »easy cooking«, fünf mal Yummi-ness auf dem Tisch – wow!

Seite 72

TISCH 4 – STREETFOOD CORNER
Europa, Asien, Südamerika und zurück: Streetfood aus zig Ecken dieser Welt für Food-Truck-Fans und Fingerfoodies!

Seite 92

TISCH 5 –
FANCY VEGGIE DREAM

Frisch und kreativ, so macht grüne Küche Spaß und gute Laune – dafür kommen alle gerne öfter an einen Tisch.

Seite 112

TISCH 6 –
ASIA SWEET AND SOUR

Nein, nicht die Nummer 26 süß-sauer, sondern echte Asiaküche für zu Hause, bitte! Ist hiermit schon unterwegs!

Seite 132

TISCH 7 –
ORIENTAL NIGHTS

Tischlein, deck dich – orientalisch! Einfach einmal tief in den Gewürzschrank greifen, und das 1001-Nacht-Ding läuft …

Seite 152

TISCH 8 –
GOOD OLD GERMANY

Deutsche Küche in bester Mischung aus Trend und Tradition von Berliner Currywurst bis zum Rheinischen Sauerbraten!

Seite 172

TISCH 9 –
INDOOR BEEF AND BBQ

Kein Garten, kein Grill, kein BBQ? Falsch! Wie's auch anders geht, zeigt dieser Tisch. Für Liebhaber saftiger Steaks und mehr.

Seite 192

TISCH 10 –
FUNKY FUSION KITCHEN

Aromen aller Welt, vereinigt euch! Zutaten und Gewürze unterschiedlicher Herkunft neu kombiniert – spannend und yummy!

HAUT REIN, FREUNDE!

Alle an einem Tisch – das weckt Kindheitserinnerungen: sonntags bei Oma, dampfende Schüsseln und der Braten in der Mitte, Teller voll Klöße, randvoll mit Sauce. Vorneweg gab's Suppe und Salat, zum Nachtisch Erdbeeren mit Sahne und danach – klar! – Kuchen und Torte. Alle redeten durcheinander, es wurde viel gelacht. Mein Bruder und ich mittendrin. Wir ließen es krachen, hauten ordentlich rein. Omas Essen war sooo lecker! Aber noch toller war die gute Stimmung. So besonders, dass wir die Zeit vergaßen.

Omas Sonntagsessen heißt heute natürlich anders. Zum Beispiel: Supper Club. Ich habe selbst einen. Seit fünf Jahren. Da sitzen auch alle um einen Tisch, reden durcheinander, lachen, haben Spaß und genießen das Essen. Wie bei Oma früher, ist auch hier für jeden etwas dabei: Wer mag, isst Fleisch, wer nicht mag, etwas anderes. Es gibt Suppe und Salat und jede Menge Nachspeisen. Die meisten Gäste kommen wegen des Essens. Aber wenn sie gehen, sprechen sie nur über das eine: die gute Stimmung bei Tisch!

Viele fragten mich nach solchen Abenden, wie ich das hinkriege, alle Speisen rechtzeitig fertig zu haben und dabei als Gastgeber entspannt mitzufeiern. Sie fragten mich das so oft, dass ich darüber nachdachte – und merkte: Hoppla, irgendwie führt die Erfahrung meiner Oma dabei Regie. Oma gehörte zu den Leuten, die ein Essen für viele mit links stemmten. Einkaufen, alles perfekt vorbereiten, Tisch decken, Getränke besorgen und selbstverständlich: alles rechtzeitig auf den Tisch kriegen – null Problem! Natürlich saß sie gemütlich mit uns am Tisch und genoss das Essen.

Klare Sache: Oma hatte ihr Timing im Griff. Wusste genau, was zu tun ist, damit alles ohne Stress fertig wird. Und sie wusste auch instinktiv, was jedem schmeckt. Genau das ist das Geheimnis von »Alle an einen Tisch«: Perfektes Timing – so einfach geplant, dass ihr euch die Vorbereitungen locker einteilen könnt. Die Rezepte für jeden Tisch sind so erprobt, dass sie jedem gelingen. Und vor allem: jedem schmecken! So sehr, dass deine Gäste wegen des Essens kommen. Und beim Gehen nur über das eine reden: die tolle Stimmung bei Tisch.

Gutes Essen ist was Herrliches. Aber nur, wenn es richtig gut ist, vergisst man darüber die Zeit. In diesem Sinne: Lasst es krachen, Freunde. Haut rein!

Euer

ALLES AUF EINEN TISCH –
NICHTS EINFACHER ALS DAS!

Die einfachste Sache der Welt – lecker Abendessen mit Freunden – ist jetzt noch einfacher!
Menüfolgen sind out, alles wird gleichzeitig fertig, kommt zur selben Zeit auf den Tisch – und alle
können zusammen genießen und Spaß haben, Gastgeber wie Gäste!

Alles auf einen Tisch!

Sechs Freunde entspannt an einem Tisch, ohne dass ständig
jemand in die Küche laufen und am Herd stehen muss? Das
klappt garantiert und wunderbar – wenn man auf gängige
Menüfolgen pfeift! Stattdessen kommt alles für den Dinner-Abend gleichzeitig auf den Tisch: Suppe und Salat, Dips
und Brot, Fleisch, Fisch und selbstverständlich auch das
Dessert! Im Topf oder in der Pfanne, auf Platten, Tellern
oder in Dessertgläsern – unkompliziert und relaxed. Komplett ohne Deko-Chichi und Teller-hin-und-her-Tragen. Das
Wichtigste ist das Essen selbst. Und natürlich die gute Laune! Jeder nascht mal hier, mal da, jeder nimmt, was er gerne
mag, und wenn einer mit dem Nachtisch beginnen möchte,
so what? Alles ist möglich!

Alle Thementische sind so geplant, dass Vegetarier und
Fleischliebhaber garantiert etwas finden, das ihnen
schmeckt! Und das Beste: Alle Rezepte sind so perfekt
getimt, dass du sie mit deinen Freunden mühelos in kurzer
Zeit auf den Tisch bringst, egal, ob du alleine kochst, ihr
euch das Kochen aufteilt – oder alle gemeinsam in deiner
Küche die komplette Rezeptfolge zubereitet.

Tipp

Timing ist alles! Alle Rezepte brauchen
fürs Finish in etwa gleich lang und folgen
einem genauen Zeitplan – so kommt alles
gleichzeitig auf den Tisch.

10 Thementische – 10 Kapitel

All you can eat – was uns heute schmeckt, ist so abwechs-
lungsreich wie die Jahreszeiten, so bunt wie die Welt und so
global wie unser Lifestyle. Die Thementische sind daher so
geplant, dass ihr von vegetarisch bis Burger, von Heimatkü-
che bis Streetfood, Mittelmeer-Feeling bis Oriental Style
oder deutschem Soulfood bis zur Freestyle-Küche alle
Trends und Stile abdeckt, die derzeit angesagt sind.
Von Pop up, Little Italy! über Downtown New York bis zu
Indoor Beef and BBQ und Good Old Germany – im Buch
findet ihr insgesamt zehn Tische mit unterschiedlichen The-
men und jeweils fünf bis sechs Rezepten. Eines aber ist immer gleich: Alle Rezepte gelingen auch Anfängern. Und alle
Rezepte folgen der gleichen Timeline.

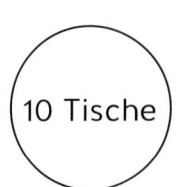

Die Timeline

Die Timeline zeigt dir auf einen Blick, wie jedes Rezept funktioniert: Kochen, Fertigstellen (Finish) und letzte Handgriffe, wenn das Gericht auf den Tisch kommt (Servieren). Die Vorbereitung – der erste Teil des Rezepts – kann meist schon am Tag vorher erfolgen. Das spart jede Menge Zeit! Das Finish machst du, wenn deine Gäste da sind. Und die letzten Handgriffe macht ihr dann alle zusammen kurz vorm Servieren – ready to eat!

Alleine oder zusammen – ihr habt die Wahl!

So locker wie die Zusammenstellung der Gerichte funktioniert auch das Kochen. Du kannst alles alleine machen, wenn du Lust darauf hast und genügend Zeit. Du kannst aber auch deine Freunde fragen, ob sie ein Gericht übernehmen möchten: Sie können es bei sich zu Hause zubereiten und fix und fertig mitbringen. Oder ihr kocht alle Gerichte von A bis Z bei dir in der Küche: mit der Timeline und den vielen Tipps im Buch klappt das wie am Schnürchen!

Ihr könnt sogar noch mehr kombinieren: Der erste Arbeitsschritt (Kochen) ist bei fast allen Rezepten so geplant, dass er schon am Vortag erledigt werden kann. Deine Freunde können also auch ein Gericht bis zu diesem Punkt vorbereiten – und ihr macht das Finish dann gemeinsam. Wie auch immer ihr es handhabt: drei Schritte, alles easy vorzubereiten, alles zeitlich kombinierbar und dazu jede Menge Tipps – so kommt alles für alle auf den Tisch!

Tipps & More

Kochen fängt beim Einkauf an! Deshalb findest du zu jedem Thementisch die komplette Einkaufsliste im Anschluss an die Rezepte. Dazu Vorschläge für die passenden Getränke und eine Liste, was du alles zum Tischdecken und Servieren brauchst. So fehlt garantiert kein Teller, keine Gabel! Ergänzt wird das Rundum-Sorglos-Paket um Vorschläge, welche Rezepte du idealerweise outsourcen kannst. Was deine Freunde einfach vorbereiten und vor allem: ohne Probleme transportieren können, zeigt der extra Infokasten dazu. Und damit du die Timeline auf einen Blick erkennst, schlägt dir eine To-do-Liste vor, was sich schon am Vortag erledigen lässt.

POP UP,
LITTLE ITALY!

Pop up, little Italy! – just in time: Alle Rezepte sind nach dem gleichen Schema aufgebaut – das garantiert dir, dass alle Gerichte gleichzeitig auf dem Tisch stehen!

Der Thunfischeintopf ist perfekt fürs »Alles auf einen Tisch«-Motto: Am Vortag vorbereitet, muss er kurz vor Beginn der Italy-Sause nur noch aufgewärmt werden.

Super bequem und »molto bene«: Mit Salami, Mortadella & Co. bleibt die Küche kalt – und der Gastgeber rundum happy.

Ziemlich clever: Lass den italienischen Aufschnitt mitbringen, dann sparst du dir neben der Kocherei auch das Einkaufen.

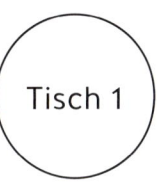
Ein Fest für Freunde ist in Italien presto, presto auf die Beine gestellt: Teller und Besteck geholt, ein paar Flaschen Wein dazu, schon ist der Tisch für ein paar liebe Leute gedeckt.

Gehören zu jedem Italo-Menü: Antipasti. Hier und heute gibt's sauer einge-legtes Gemüse und super kna-ckigen Salat. Beides ganz und gar vegan übrigens.

Ricotta-Basilikum-Can-nelloni können schon am Vortag zubereitet werden. Doppelter Vorteil: Alle Aro-men ziehen schön durch, und es kommt kein Kochstress auf.

Ciabatta, Baguette oder anderes Weißbrot sind fester Bestandteil eines italienischen Menüs. Ob selbst gekauft oder selbst gebacken entscheidet dein Zeitbudget.

Alles auf einen Tisch gilt auch für das Dessert. Darum stellt ihr das Tiramisu fürs Dolce Vita gleich zu Antipasti, Zuppa und Pasta dazu.

POP UP, LITTLE ITALY!
KURZURLAUB AM KÜCHENTISCH

Mach's wie die Italiener – mach's dir leicht! Spontane Feste sind in Italien die einfachste Sache der Welt. Alle helfen zusammen, jeder bringt was zum Essen mit oder es wird gemeinsam gekocht. Mit meinem Zeitplan und den Tipps klappt das auch bei dir wie am Schnürchen!

Als Gastgeber relaxed mitfeiern und zwar von Anfang an – entspannter geht's wirklich nicht! Das Geheimnis: ein perfekter Zeitplan, unstressiges Vorbereiten – und die Möglichkeit, deine Freunde von Anfang an mit einzubinden. Wie alle Menüs kannst du auch das Pop-up-Little-Italy-Fest ganz in Ruhe allein vorbereiten. Oder aber du delegierst einzelne Gerichte so an deine Freunde, dass alle ihren Spaß haben. Sie bringen sie dann einfach zum Fest von zu Hause mit! Jedes Gericht ist so konzipiert, dass es auch Anfängern sofort gelingt. Für alle Gerichte zusammen gibt es eine komplette Einkaufsliste (s. S. 27). Wenn deine Freunde Lust haben, ein Gericht vorzubereiten und mitzubringen, ist die Zutatenliste im Rezept gleichzeitig ihr Einkaufsplan.

Allein oder zusammen – alles geht!

Auch wenn du delegierst – bei ein, zwei Gerichten ist es am praktischsten, wenn du sie bei dir zu Hause vorbereitest: Die Zuppa brauchst du nur noch vorm Servieren mit dem Fisch warm zu machen, und das Tiramisu schmeckt gut gekühlt einfach am fluffigsten!

Wenn du einen Blick auf die Rezepte wirfst, wirst du merken, dass sie alle nach dem gleichen Schema aufgebaut sind. Das garantiert dir, dass alle Gerichte gleichzeitig auf dem Tisch stehen! Wenn du sie wie beschrieben am Tag vor dem Essen vorbereitest, dauert das Finish bei allen in etwa gleich lang. Das gilt auch, wenn deine Freunde jeweils einen Part des Menüs vorbereitet mitbringen.

Das Finish und die allerletzten Handgriffe könnt ihr alle in deiner Küche locker gemeinsam machen. Was dafür nötig ist, ist bei jedem Rezept genau beschrieben.

Gut geplant

Timing ist alles! Alle Rezepte brauchen fürs Finish in etwa gleich lang und folgen einem genauen Zeitplan – so kommt alles gleichzeitig auf den Tisch.

Just in time

Und damit wirklich alles in time auf den Tisch kommt, hier noch mal die perfekte Reihenfolge fürs Menü: Fangt mit den Pizzette an – sobald die fertig sind, habt ihr schon mal was zum Knabbern, während ihr noch schnibbelt und rührt. Außerdem ist der Ofen dann für die Cannelloni frei. Als nächstes ist die italienische Aufschnittplatte dran. Während die vor euren Augen immer üppiger dekoriert wird, erwärmt ihr schon mal langsam und gemütlich die Zuppa und schneidet den Fisch in mundgerechte Stücke. Auch die Caponata kann in einem Topf nochmal lauwarm auf Touren gebracht werden. Pasta-Fans machen sich inzwischen schon mal an die Füllung für die Cannelloni.

Wenn die soweit fertig sind, stimmt euch zeitlich ab: Die Cannelloni brauchen im Ofen 30 Minuten. In den ersten 20 Minuten macht ihr den Insalata für die Caponata. In den letzten 10 Minuten erwärmt ihr den Fisch in der Zuppa und schneidet das Brot auf. Was von den Pizzette übrig ist, kommt mit der Aufschnittplatte, Caponata und Insalata, dem Fischeintopf und den dampfend heißen Cannelloni zusammen auf den Tisch. Buon appetito!

Diese Rezepte können deine Freunde vorbereiten und mitbringen

Einfach die Rezepte mit der Zutatenliste scannen und verschicken!

- Antipasti numero uno: Caponata
- Antipasti numero due: Alle Zutaten für den italienischen Wurst- und Schinkenaufschnitt
- Pasta: Ricotta-Basilikum-Cannelloni

Ihr wollt alles zusammen kochen?

Dann kannst du das zu Hause schon mal vorbereiten:

Zwei Tage vorher:

- Rezepte scannen, an Freunde schicken – Vorfreude steigert den Appetit!
- Einkaufsliste scannen und alles einkaufen
- Topfkräuter aus der Verpackung nehmen und gegebenenfalls gießen (Untersetzer nicht vergessen!)

Einen Tag vorher:

- Für jedes Rezept die Zutaten wie beschrieben vorbereiten
- Alle Zutaten passend zu den Rezepten sortieren und so lagern, dass ihr am nächsten Tag beim Kochen für jedes Gericht alles mit einem Griff parat habt
- Hefeteig für die Mini-Pizzette herstellen und kühl halten
- Karamell-Tiramisu fertig machen und kühl stellen (schmeckt einfach besser, wenn es über Nacht durchzieht)
- Alles zum Tischdecken bereitstellen (s. S. 26)
- Getränke kühlen, Eiswürfel vorbereiten

Wenn alle da sind:

- Festlegen: Wer macht was? (Jeder übernimmt ein Rezept)
- Mit den Mini-Pizzette möglichst rasch loslegen (die schmecken vorab als Snack)
- Wer die Pizzette macht, kann den Tisch decken, während sie im Ofen backen

ZUPPA:
THUNFISCHEINTOPF MIT WEISSWEIN

Der perfekte Sommermix: warm wie die Sonne im Süden und erfrischend wie eine Meeresbrise.
Dieser Dinner-Auftakt macht richtig Laune!

2 Knoblauchzehen
2 rote Zwiebeln
1 Stück frischer Ingwer (ca. 1 cm lang)
4 EL Olivenöl
500 g Kartoffeln
⅓ Bund glatte Petersilie
½ Bund frische Minze
1 TL Fenchelsamen
250 ml trockener Weißwein (z. B. Pinot
    Grigio oder Chardonnay)
2 l Gemüsebrühe
20 reife Kirschtomaten
300 g frischer Thunfisch
1 Bio-Zitrone
1 Bio-Limette
Meersalz
Pfeffer (frisch gemahlen)

 **Take it** easy!

Es muss nicht unbedingt Thunfisch sein,
kauf dir einfach deinen Lieblingsfisch.
Wichtig: Er sollte richtig frisch sein und
festes Fleisch haben!

DIE KOCHTIMELINE FÜR 6 FREUNDE

Vorbereitung – 2 Tage vorher (ca. 5 Min.)
• Knoblauch, Zwiebeln und Ingwer schälen, fein hacken, mit etwas Olivenöl in einer Vorratsdose mischen und über Nacht im Kühlschrank lagern.

Kochen – am Vortag (ca. 20 Min.)
• Die Kartoffeln waschen, schälen und in 1 cm große Würfel schneiden. Die Petersilie und Minze waschen, trocken schütteln und die Blättchen abzupfen. Petersilienblättchen klein hacken. Die Zwiebel-Öl-Mischung in einem Bräter farblos anbraten. Fenchelsamen dazugeben. Den Topfinhalt mit Weißwein ablöschen und die Flüssigkeit einkochen lassen. Die Gemüsebrühe angießen und aufkochen lassen. Sobald die Brühe kocht, die Kartoffeln dazugeben und offen bei mittlerer Hitze in ca. 10 Min. leicht bissfest kochen. Den Eintopf auskühlen lassen und dann über Nacht in den Kühlschrank stellen.

Finish – kurz vor dem Servieren (ca. 15 Min.)
• Den Eintopf aufkochen. Inzwischen die Tomaten waschen und halbieren. Den Thunfisch kalt abbrausen, trocken tupfen und in 1 cm große Würfel schneiden. Beides in den Eintopf geben und diesen 5 Min. weitergaren. Den Bräter von der Herdplatte nehmen und den Thunfisch noch ca. 5 Min. ohne Hitzezufuhr ziehen lassen. Währenddessen die Zitrone und die Limette heiß waschen, abtrocknen, jeweils die Schale fein abreiben und den Saft auspressen. Zitrusfruchtschale sowie -saft und die Petersilie zur Suppe geben und diese zum Schluss mit Meersalz und Pfeffer abschmecken.

Servieren – ab auf den Tisch
• Den Eintopf auf den Esstisch stellen und mit den Minzeblättern garnieren.

PASTA:
SCHNELLE RICOTTA-BASILIKUM-CANNELLONI

Die Cannelloni-Röhren müssen nicht vorgekocht werden und lassen sich mit einem Spritzbeutel ganz easy befüllen. So ist die Hingucker-Pasta ganz fix bereit für den Ofen.

300 g TK-Spinat
1 rote Paprika
4 Frühlingszwiebeln
500 g Ricotta
Meersalz
Pfeffer (frisch gemahlen)
500 g Cannelloni
700 ml fertige Tomatensauce
300 ml Gemüsebrühe
350 g Pecorino
½ Bund Basilikum
2 EL Olivenöl

Außerdem

1 Auflaufform (ca. 25 × 35 cm)
Olivenöl für die Form
Spritzbeutel ohne Tülle

Good to know

Achtet darauf, dass die Füllung möglichst feinstückig ist, damit die Öffnung des Spritzbeutels nicht verstopft wird.

DIE KOCHTIMELINE FÜR 6 FREUNDE

Vorbereitung – 2 Tage vorher (5 Min.)
• Ein Sieb in eine Schüssel hängen, den Spinat ins Sieb geben und über Nacht bei Raumtemperatur auftauen lassen.

Kochen – am Vortag (25 Min.)
• Die Paprika halbieren, von Kernen und weißen Trennwänden befreien und waschen. Die Frühlingszwiebeln putzen, waschen, zusammen mit der Paprika fein würfeln und in eine große Schüssel geben. Aufgetauten Spinat gut ausdrücken und zusammen mit dem Ricotta zum Gemüse in die Schüssel geben. Die Masse gut durchmischen und mit Salz und Pfeffer abschmecken. Die Auflaufform mit etwas Olivenöl einfetten.
• Die Ricottamasse in einen Spritzbeutel geben und in die Cannelloni füllen. Diese nebeneinander in die Form legen. Die Tomatensauce zusammen mit der Gemüsebrühe in einen Topf geben und aufkochen. Die Sauce etwas abkühlen lassen und über die Cannelloni geben. Die Sauce vollständig auskühlen lassen und dann die Auflaufform über Nacht in den Kühlschrank stellen.

Finish – kurz vor dem Servieren (5 Min. + 30 Min. Backen)
• Den Backofen auf 200° vorheizen. Den Pecorino reiben. Das Basilikum waschen, trocken schütteln, die Blätter abzupfen und etwas kleiner zupfen. Basilikum auf den Cannelloni verteilen und diese mit Pecorino bestreuen. Die Cannelloni im heißen Ofen (Mitte) in 25–30 Min. goldgelb überbacken.

Servieren – ab auf den Tisch
• Die fertigen Cannelloni mit etwas Olivenöl beträufeln, mit Pfeffer übermahlen und dann ab damit auf den Tisch – Untersetzer nicht vergessen.

DOLCE:
KARAMELL-TIRAMISU

Nehmt den Mascarpone rechtzeitig aus dem Kühlschrank! So lässt er sich klümpchenfrei mit den anderen Zutaten zu einer Creme verrühren, die dem Dinner ein süßes Krönchen aufsetzt.

10 Blatt Gelatine
2 Vanilleschoten
6 Eier
180 g Zucker
1 TL Ras el Hanout (nach Belieben)
500 g zimmerwarmer Mascarpone
300 g Sahne
100 ml kalter Espresso
1 Pck. Löffelbiskuit (200 g)
100 ml Sherry
100 ml Karamellsauce (Fertigprodukt)
18 Minzeblätter
200 g Bitterschokoladeraspel

Außerdem
6 weite Gläser à 350 ml

DIE KOCHTIMELINE FÜR 6 FREUNDE

Kochen – am Vortag (20 Min. + 4 Std. Kühlen)

• Die Gelatine in einen tiefen Teller geben und ca. 5 Min. in kaltem Wasser einweichen. Die Vanilleschoten längs aufschneiden und mit einem spitzen Messer das Mark herauskratzen. Die Eier trennen. Eigelbe, Vanillemark, 90 g Zucker, Mascarpone und nach Belieben Ras el Hanout in eine Schüssel geben und mit einem Schneebesen zu einer homogenen Masse verrühren.

• Die Gelatine gut ausdrücken, zusammen mit 5 EL Wasser in einen kleinen Topf geben und bei kleiner bis mittlerer Hitze auflösen. Die flüssige Gelatine zu der Mascarponemasse geben und rasch unterrühren.

• Die Sahne steif schlagen. Die Eiweiße steif schlagen, zum Schluss den restlichen Zucker einrieseln lassen und weiterschlagen, bis sich der Zucker aufgelöst hat und der Eischnee glänzt. Sahne und Eischnee vorsichtig mit einem Schneebesen oder Teigschaber unter die Mascarponecreme heben.

• Den Espresso in einen tiefen Teller geben. Die Löffelbiskuits kurz darin wenden, nach Belieben in Stücke brechen und in die Gläser legen. Den Sherry und die Karamellsauce darauf verteilen. Mascarponecreme auf den Biskuits in den Gläsern verteilen und das Tiramisu mindestens 4 Std. kalt stellen.

Servieren – ab auf den Tisch

• Die Minze waschen und trocken tupfen. Tiramisu mit geraspelter Schokolade und Minzeblättchen garnieren und gleich mit auf den Tisch stellen.

ANITPASTI:
PIZZETTE MIT RUCOLA

Erinnert ihr euch an eure erste Pizza Margherita auf die Hand im Italien-Urlaub? Hammer, oder?
Also, greift zu, beißt rein und lasst die Gedanken in den Süden fliegen.

10 g frische Hefe
750 g Weizenmehl (Type 550)
Meersalz
400 g stückige Tomaten (aus der Dose)
10 Basilikumblätter
500 g Mozzarella
150 g Rucola
6 TL Olivenöl
Pfeffer (frisch gemahlen)

Außerdem
Mehl für die Arbeitsfläche

DIE KOCHTIMELINE FÜR 6 FREUNDE

Kochen – am Vortag (15 Min. + 30 Min. Ruhen)
• Für die Pizzette die Hefe in 450 ml lauwarmes Wasser bröckeln und darin auflösen. Mehl und 1 TL Salz in eine große Schüssel geben und langsam das Hefewasser dazugeben. Mit einer Gabel die Zutaten in der Schüssel gut vermischen, bis ein gleichmäßiger Teig entsteht. Diesen zugedeckt an einem warmen Ort ca. 15 Min. gehen lassen. Dann den Teig auf eine bemehlte Arbeitsfläche geben und mit den Händen zu einem glatten Teig verkneten. Wenn der Teig zu feucht ist, noch etwas Mehl dazugeben. Den Teig in sechs gleiche Portionen teilen, diese zu Kugeln formen und zugedeckt 15 Min. ruhen lassen.

• Inzwischen die Dosentomaten in einen Topf geben, mit Salz würzen. Die Basilikumblätter trocken abreiben, dazugeben und die Sauce pürieren, diese dann in eine Vorratsdose füllen und über Nacht kalt stellen.

• Die Teigkugeln auf ein leicht bemehltes Brett legen, mit Frischhaltefolie zudecken und über Nacht in den Kühlschrank stellen.

Finish – kurz vor dem Servieren (15 Min. + 20 Min. Backen)
• Den Backofen auf 225° vorheizen. Mozzarella abtropfen lassen und klein würfeln. Rucola waschen, trocken schütteln und von groben Stielen befreien. Die Teigkugeln ½ cm dünn ausrollen und auf zwei mit Backpapier belegte Backbleche legen. Die Tomatensauce auf den Teigfladen verstreichen und die Mozzarellawürfel darauf verteilen. Die Pizzette nacheinander im heißen Ofen (Mitte) in je ca. 10 Min. goldbraun und knusprig backen.

Servieren – ab auf den Tisch
• Die Pizzette aus dem Ofen nehmen und auf einem Holzbrett anrichten. Rucola darauf verteilen und die Pizzette mit Olivenöl beträufeln sowie nach Belieben noch mit Salz und Pfeffer übermahlen. Fertig!

ANTIPASTI:
CAPONATA AUF INSALATA MISTA

Ich habe meine erste Caponata in Venetien probiert. Dort wurde sie mir genauso serviert, wie ich es hier im Rezept beschreibe – auf einem gemischten Salat. Und das schmeckt extrem lecker!

Für die Caponata
3 Auberginen
ca. 6 EL Olivenöl
1 rote Zwiebel
2 Knoblauchzehen
8 grüne Oliven (entsteint)
3 EL Kapern
4 EL Weißweinessig
6 reife Tomaten
Meersalz
Pfeffer (frisch gemahlen)
⅓ Bund glatte Petersilie

Für die Insalata
1 Staude Chicorée
½ Kopf Friséesalat
1 Kopf Radicchio
½ Salatgurke
½ Knolle Fenchel
20 reife Kirschtomaten
⅓ Bund glatte Petersilie
5 EL Olivenöl
3 EL Weißweinessig
Meersalz
Pfeffer (frisch gemahlen)

 **Good** to know

In ihrer Heimat Sizilien wird Caponata mit einer Prise Zucker oder etwas Honig süß-säuerlich abgeschmeckt. Meine Variante erhält schon durch die Tomaten eine leicht süßliche Note – je reifer sie sind, desto besser!

DIE KOCHTIMELINE FÜR 6 FREUNDE

Kochen – am Vortag (ca. 35 Min.)
• Für die Caponata Auberginen waschen, putzen und in 2 cm große Stücke schneiden. Das Olivenöl in einer großen Pfanne erhitzen und die Auberginenstücke darin goldgelb anbraten. Die Zwiebel und den Knoblauch schälen und in ca. ½ cm große Stücke schneiden. Beides zu den Auberginen in die Pfanne geben und das Gemüse ca. 2 Min. weitergaren. Sollten die Auberginen noch etwas Olivenöl brauchen, immer rein damit.
• Oliven und Kapern dazugeben und mit dem Essig ablöschen. Die Tomaten waschen, von den Stielansätzen befreien und in ca. 2 cm große Stücke schneiden. Wenn der Essig verkocht ist, Tomaten zum Gemüse in die Pfanne geben und alles ca. 15 Min. bei mittlerer Hitze weitergaren.
• Caponata vom Herd nehmen, mit Salz und Pfeffer abschmecken, in eine Vorratsdose umfüllen, abkühlen lassen und im Kühlschrank lagern.

Finish – kurz vor dem Servieren (ca. 10 Min.)
• Die Caponata kann warm oder kalt serviert werden, diese daher nach Belieben in einer Pfanne erhitzen. Die Petersilie waschen, trocken schütteln, die Blätter abzupfen, diese klein hacken und zur Caponata geben. Caponata mit Salz, Pfeffer und etwas Essig abschmecken.
• Für die Insalata von Chicorée, Frisée und Radicchio den Strunk entfernen, die Blätter waschen, trocken schleudern, in mundgerechte Stücke zupfen und in eine Schüssel geben. Die Gurke waschen, längs halbieren und das Kerngehäuse mit einem Löffel herauskratzen. Das Fruchtfleisch quer in 1 cm dicke Scheiben schneiden. Die Fenchelknolle waschen, längs halbieren, vom Strunk befreien und in feine Streifen schneiden. Die Kirschtomaten waschen und halbieren. Petersilie waschen, trocken schütteln und die Blätter von den Stängeln zupfen. Gurke, Fenchel, Tomaten, Petersilie, Olivenöl, Essig, Salz und Pfeffer in die Salatschüssel geben und den Salat gut mit den Händen mischen.

Servieren – ab auf den Tisch
• Den Salat auf zwei großen Platten anrichten. Dann die warme oder kalte Caponata darauf arrangieren. Alles noch einmal mit etwas Olivenöl, Salz und Pfeffer garnieren, fertig. Buon appetito!

ANTIPASTI
ITALIENISCHER AUFSCHNITT

Die einfachste Art, liebe Freunde zu bewirten, heißt Brotzeit. Und die schmeckt auch auf italienisch: In einer Viertelstunde ist die Platte angerichtet. Brot, Wein und gute Laune dazu. Basta!

4 reife Tomaten
4 reife Feigen
1 Honigmelone
½ Bund Basilikum
100 g italienische Salami
100 g Mortadella
100 g Parmaschinken
100 g Bresaola
1 Glas schwarze Oliven (entsteint)

DIE KOCHTIMELINE FÜR 6 FREUNDE

Finish – kurz vor dem Servieren (15 Min.)

• Tomaten waschen, von den Stielansätzen befreien und in dünne Scheiben schneiden. Die Feigen waschen und vierteln. Die Melone halbieren, entkernen und in Spalten schneiden. Das Basilikum waschen, trocken schütteln und die Blätter abzupfen. Auf zwei großen Platten die Wurstwaren anrichten und mit Tomaten, Feigen, Melone, Basilikumblättern und den Oliven garnieren.

Servieren – ab auf den Tisch

• Die Platten mit dem Aufschnitt auf den Tisch stellen – am besten in die Nähe der Pizzette, die schmecken nämlich ganz fantastisch dazu.

TUTTO COMPLETTO!
EINKAUF, DRINKS UND DEKO –
EASY WIE NOCH NIE

Ganz locker an die Sache rangehen – mit diesen Tipps macht sogar der Einkauf Spaß. Und der Tisch deckt sich quasi von selbst.

GUT AUFGELEGT!

Tutto a posto: Clean Chic für den Italien-Tisch

So deckst du für 6 Leute:
je 6 Messer, Gabeln, Suppenlöffel
je 6 Kuchengabeln und Dessertlöffel
6 große, flache Teller
6 Suppenteller oder -schalen
je 6 Espressotassen und -löffel
je 6 Wasser- und Weingläser
je 6 Prosecco- oder Campari-/Martini-Gläser
6 Stoff- oder Papierservietten
Platten für den italienischen Aufschnitt
2 hitzebeständige Untersetzer
Schöpfkelle für den Eintopf
Holzbrett für die Mini-Pizzen

GUT EINGESCHENKT!

Die Pop-up-Bar für daheim. Schnell noch den Getränke-
vorrat aufgefüllt und dann: cin cin!

Die Getränkeliste für 6 Leute:
1 Flasche Campari oder Martini (pur auf Eis oder mit
   Prosecco als Aperitif)
1–2 Flaschen Prosecco
6–8 Flaschen Wasser (halb mit Kohlensäure, halb still)
3–4 Flaschen Chianti classico
3–4 Flaschen italienischer Weißwein (z. B. Bianco
   di Toscana)
Espresso und Grappa als Digestif

Tipp zu den Drinks

Eiswürfel nicht vergessen!

EINKAUFSLISTE

Alles drin, alles drauf, was du brauchst. Einfach dieser Liste
folgen – schon bist du auf der sicheren Seite!

Obst- und Gemüseabteilung

3 Auberginen
1 rote Paprika
½ Salatgurke
½ Knolle Fenchel
10 mittelgroße Tomaten
40 Kirschtomaten
4 Frühlingszwiebeln
3 rote Zwiebeln
4 Knoblauchzehen
1 Stück frischer Ingwer (ca. 1 cm lang)
500 g Kartoffeln
½ Kopf Friséesalat
1 Kopf Radicchio
1 Staude Chicorée
150 g Rucola
1 Bund glatte Petersilie
1 Bund + 10 Blätter Basilikum
½ Bund Minze
1 Honigmelone
4 frische Feigen
1 Bio-Zitrone
1 Bio-Limette

Nudeln, Feinkost, Gewürze & Co.

500 g Cannelloni
700 ml Tomatensauce nach Wahl
400 g stückige Tomaten (Dose)
17 EL + 6 TL Olivenöl
7 EL Weißweinessig
8 grüne Oliven (entsteint)
1 Glas schwarze Oliven (entsteint)
3 EL Kapern
2,3 l Gemüsebrühe (Instant oder Glas)
Meersalz aus der Mühle
Schwarzer Pfeffer aus der Mühle
1 TL Fenchelsamen
1 TL Ras el Hanout (arabische
*   Gewürzmischung)*
250 ml trockener Weißwein
100 ml Sherry (medium oder oloroso)
30 g Espressopulver
200 g Löffelbiskuits

Backzutaten

180 g Zucker
750 g Weizenmehl (Type 550)
10 Blatt Gelatine
2 Vanilleschoten
100 ml Karamellsauce
200 g Bitterschokoladeraspel

Kühlregal, Molkereiprodukte und Eier

10 g frische Hefe (¼ Würfel)
500 g Ricotta
500 g Mascarpone
500 g Mozzarella
350 g Pecorino (am Stück)
300 g Sahne
6 Eier

Fleisch, Wurstwaren und Fisch

300 g frischer Thunfisch (oder TK)
100 g italienische Salami
100 g Mortadella
100 g Parmaschinken
100 g Bresaola

TK-Produkte

4 Baguettes zum Aufbacken
300 g Spinat

TK-Produkte

1 Auflaufform (ca. 25 × 35 cm)
1 Spritzbeutel ohne Tülle
6 weite Gläser à 350 ml

 Gut geplant

Timing ist alles! Alle Rezepte brauchen
fürs Finish in etwa gleich lang und folgen
einem genauen Zeitplan – so kommt alles
gleichzeitig auf den Tisch.

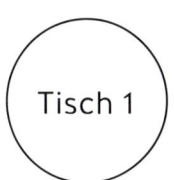

DOWNTOWN NEW YORK

Downtown New York im Schnelltempo: Jedes Rezept ist so getimt, dass du es super vorbereiten kannst. Und alles ist gleichzeitig ready to eat!

Mega crunchy und besser als gekauft: Selbstgemachte Knusperchips aus Süßkartoffeln peppen die Downtown-Atmosphäre mit etwas Southern Feeling auf.

Einfach locker bleiben: Wenn du die Burger Buns nicht selber machen möchtest, kannst du natürlich auch welche kaufen!

Metropolen-Feeling für daheim:
Lass dir mit deinen Freunden den
Food-Lifestyle New Yorks schmecken
– easy und delicious!

One, two – eat! Creme und
Kirschsauce chillen über
Nacht im Kühlschrank. Und
werden erst kurz vorm Genie-
ßen, eins, zwei, drei, in kleine
Gläser geschichtet.

Der Waldorfsalat ist ein
New York-Klassiker. Und
genauso auf Zack: einfach
am Vortag zubereiten und
über Nacht kühlen – fertig!

Immer nur rein damit: Sardellen
sind ein Must für den echten Cea-
sar-Taste! Wer mag, kann sie aber
auch durch Kapern ersetzen.

DOWNTOWN NEW YORK –
BURGER-SPASS WIE IM MANHATTAN DINER

So ein Burger-Essen ist echt mein Ding! Unkompliziert, herzhaft, und man hat ordentlich etwas zu beißen. Perfekt für einen lustigen Abend. Und das Tolle: Bei den Saucen kann man super experimentieren. Es muss wirklich nicht immer Ketchup sein!

Time is money – den Spruch hört man in New York oft. Hier sind alle mega-busy und rund um die Uhr eingespannt. Manhattan ist eben die Stadt, die niemals schläft! Deshalb kommen meine Rezepte für den New-York-Tisch auch ganz ausgeschlafen daher. Lassen sich entspannt vorbereiten, klappen auf Anhieb und garantieren dir und deinen Gästen einen relaxten Abend ohne Stress. Das Geheimnis? Ist auch sehr New-York-like: Smartes Timing – und intelligentes Fast Food, das schnell und einfach gemacht ist. Aber vom Allerfeinsten schmeckt. Awesome!

Solo oder in der Gruppe – it's up to you!
Wie immer bei meinen Tischen kannst du, wenn du magst, einen Großteil der Rezepte an deine Freunde delegieren. Dann bringt jeder etwas mit und ihr macht zu Hause bei dir nur noch das Finish. Trotzdem ist's bei dem ein oder anderen Gericht praktischer, wenn du es schon mal alleine vorbereitest: Die Tomatenkonfitüre zum Beispiel schmurgelt gemütlich vor sich hin und kann, fix und fertig gekocht, über Nacht im Kühlschrank ihr volles Aroma entwickeln. No Stress ist auch garantiert, wenn du die Cheesecake-Creme und die Kirschsauce schon bei dir fertig machst und im Spritzbeutel kühl lagerst. Auch der Teig für die Burger-Buns übernachtet in deinem Kühlschrank und wird, wenn alle da sind, im Ofen superlocker frisch gebacken – alleine der Duft macht schon extrem Laune!

Perfekte Timeline
Wenn du die Rezepte anschaust, merkst du, dass sie alle nach dem gleichen Schema aufgebaut sind – das garantiert, dass alle Gerichte gleichzeitig auf dem Tisch sind! Wenn du sie

wie beschrieben am Tag vor dem Fest vorbereitest, dauert das Finish bei allen in etwa gleich lang. Das gilt auch, wenn deine Freunde jeweils einen Part des Menüs vorbereitet mitbringen. Das Finish und die allerletzten Handgriffe könnt ihr in deiner Küche gemeinsam machen. Was ihr dafür noch zu erledigen habt, ist bei jedem Rezept genau erklärt. Und ready to eat ist der Downtown-New-York-Tisch.

Schritt für Schritt wird alles fertig
Fangt mit den Chips an – dann habt ihr was zum Snacken, während ihr brutzelt und werkelt. Danach ist der Ofen frei für die Buns. Während die backen, macht ihr den Waldorfsalat, füllt das Cheesecake-Dessert in passende Gläser und stellt diese kühl, deckt den Tisch – und bereitet alles für die Burger-Dishes zu: Pattys formen, Caesar-Mayo mixen (falls du sie nicht schon vorbereitet hast), Salatblätter zupfen, Zwiebeln, Gurke und Tomaten schneiden, Cheddarscheiben bereit legen, Parmesanstreifen hobeln, Bacon, Hähnchenbrustscheiben und Pattys brutzeln. Und dann heißt es nur noch: Have a good time, enjoy!

Gut geplant

Fast Food vom Feinsten – alle Rezepte sind so geplant, dass sie vor Ort zur gleichen Zeit fertig werden. Einfach nur der Timeline folgen, dann kann überhaupt nichts schiefgehen!

Diese Rezepte können deine Freunde vorbereiten und mitbringen

Einfach die Rezepte mit der Zutatenliste scannen und verschicken!

- Starter: Waldorfsalat mit Cranberrys und Walnüssen
- Side Dish: Chili-Guacamole (die Chips macht ihr bei dir ganz frisch)
- Burger: entweder nur die 12 Burger-Buns für beide Burger-Rezepte – oder:
- beide Burger-Rezepte komplett mit allem Drum und Dran – je ein Burger-Rezept pro Gast!

Ihr wollt alles zusammen kochen?

Dann kannst du das zu Hause schon mal vorbereiten:

Zwei Tage vorher:
- Rezepte scannen, an deine Freunde schicken – die Vorfreude steigert den Appetit!
- Einkaufsliste scannen und alles einkaufen (bis auf das Hackfleisch, das kauft ihr am Party-Tag)
- Tomatenkonfitüre zubereiten und im Kühlschrank aufbewahren

Einen Tag vorher:
- Für jedes Rezept die Zutaten wie beschrieben vorbereiten
- Alle Zutaten passend zu den Rezepten sortieren und so lagern, dass ihr am nächsten Tag beim Kochen für jedes Gericht alles gleich parat habt
- Guacamole mixen und über Nacht kühlen
- Hefeteig für die Buns vorbereiten und über Nacht in den Kühlschrank stellen
- Caesar-Mayo mixen und ebenfalls im Kühlschrank lagern
- New-York-Cheesecake-Creme mixen und im Spritzbeutel kühl lagern
- Kirschsauce zubereiten und ebenfalls im Spritzbeutel in den Kühlschrank legen
- Alles zum Tischdecken bereitstellen (s. S. 46)
- Getränke kühlen, Eiswürfel vorbereiten

Wenn alle da sind:
- Festlegen: Wer macht was? (Jeder übernimmt ein Gericht)
- Wer kein Rezept kocht, deckt schon mal entspannt den Tisch

BURGER - TEIL 1:
SELFMADE BUNS

Wenn du dir das Bun-Selbermachen sparen willst, kannst du auch gekaufte verwenden. Es gibt sie inzwischen in guter Qualität. Aber die kleine Mühe lohnt sich. Die hier sind extrem lecker.

10 g frische Hefe
520 g Weizenmehl (Type 405)
25 g Zucker
1 TL Salz
3 Eier (M)
130 g weiche Butter
1 Eigelb
2 EL Sahne
1 TL Zatar (orientalische
   Gewürzmischung, s. Tipp S. 142)

Außerdem
Mehl zum Arbeiten
1 EL Sonnenblumenöl für das Blech

DIE KOCHTIMELINE FÜR 6 FREUNDE

Kochen – am Vortag (10 Min. + 3 Std. 20 Min. Ruhen)
• Die Hefe in 250 ml lauwarmes Wasser bröckeln und auflösen. 320 g Mehl, Zucker, Salz und das Hefewasser in eine Rührschüssel geben und mit den Knethaken des Handrührgeräts zu einem glatten Teig verkneten. Diesen zugedeckt bei Raumtemperatur 20 Min. gehen lassen. Dann separat die 3 Eier aufschlagen und zusammen mit der Butter und dem restlichen Mehl zum Teig geben. Den Schüsselinhalt mit den Knethaken des Handrührgeräts zu einem geschmeidigen Teig verarbeiten. Diesen zugedeckt 3 Std. bei Raumtemperatur stehen lassen, dann über Nacht in den Kühlschrank stellen.

Finish – am Party-Tag (5 Min. + 1 Std. Ruhen + 25 Min. Backen)
• Den Teig aus dem Kühlschrank nehmen, in sechs gleich große Portionen teilen und diese mit bemehlten Händen wie Pizzateig zu sehr festen Kugeln formen. Die Kugeln auf ein mit Sonnenblumenöl eingefettetes Backblech legen und zugedeckt bei Raumtemperatur mindestens 1 Std. gehen lassen.
• In der Zwischenzeit den Backofen auf 180° vorheizen. Eigelb mit Sahne und Zatar verrühren und die Buns damit bestreichen. Die Buns im heißen Ofen (Mitte) in ca. 20 Min. goldgelb backen, dann aus dem Ofen holen und auf einem Kuchengitter lauwarm abkühlen lassen.

Servieren – ab auf den Tisch
• Die Burger nach Rezept (s. S. 36 und 38) belegen und servieren.

BURGER I:
NEW YORK BEEF BURGER MIT BACON

Ketchup war gestern – hier kommt meine Tomatenkonfitüre! Super einfach, locker zu machen.
Und geschmacklich nicht zu toppen!

Für die Tomatenkonfitüre
5 Schalotten
3 Knoblauchzehen
2 EL Sonnenblumenöl
220 g brauner Zucker
50 g Tomatenmark
110 ml Rotweinessig
½ Bund Basilikum
16 große, reife Tomaten (ca. 1,2 kg)
Salz
Pfeffer

Für den Belag
2 reife Tomaten
¼ Salatgurke
1 kleine rote Zwiebel
2 Römersalatherzen
900 g Rinderhackfleisch
Salz
Pfeffer
6 Scheiben Bacon (Frühstücksspeck)
6 Scheiben Cheddar-Käse

Außerdem
6 Burger-Buns (Rezept s. S. 34)
6 Holzspieße (10 cm lang)

DIE KOCHTIMELINE FÜR 6 FREUNDE

Vorbereitung – 2 Tage vorher (15 Min. + 40 Min. Rösten)
• Für die Tomatenkonfitüre den Backofen auf 200° vorheizen. Schalotten und Knoblauch schälen und in Streifen schneiden. Öl in einem Topf erhitzen und Zwiebeln und Knoblauch darin glasig dünsten. Zucker und Tomatenmark dazugeben und 5 Min. unter ständigem Rühren bei mittlerer Hitze karamellisieren, mit dem Essig ablöschen und 5 Min. offen köcheln lassen. Den Herd ausschalten und den Topf von der Platte ziehen. Das Basilikum waschen und die Blätter abzupfen. Tomaten waschen, von den Stielansätzen befreien, kreuzweise einschneiden, auf einem mit Backpapier belegten Backblech verteilen, im heißen Ofen (Mitte) 40 Min. rösten, dann samt der Garflüssigkeit zum Karamell geben und aufkochen. Basilikumblätter dazugeben, Konfitüre pürieren, salzen und pfeffern, in eine Vorratsdose umfüllen und kalt stellen.

Kochen – am Vortag (20 Min. + 3 Std. 20 Min. Ruhen)
• Die Burger-Buns wie auf Seite 34 beschrieben vorbereiten. Für den Belag Tomaten waschen, von den Stielansätzen befreien und in Scheiben schneiden. Gurke und Zwiebel schälen und in Scheiben schneiden. Salatherzen in Blätter zupfen, diese waschen und trocken schleudern. Alle Belagzutaten separat in Vorratsdosen verpackt bis zum Fest im Kühlschrank lagern.

Finish – am Party-Tag (20 Min. + 1 Std. Ruhen + 25 Min. Backen)
• Die Buns wie im Rezept auf Seite 34 beschrieben backen. Für die Pattys das Hackfleisch salzen und pfeffern, in sechs gleich große Kugeln teilen und diese ca. 5 Min. mit den Händen kneten. Dann jede Kugel zu einem Patty flach drücken. Eine große ofenfeste Pfanne stark erhitzen und die Baconscheiben darin in ca. 2 Min. auslassen. Bacon an den Rand schieben und die Pattys im Bratfett auf jeder Seite ca. 2 Min. anbraten. Je 1 Scheibe Bacon und Käse auf jedes Patty legen und die Pfanne 5 Min. in den noch warmen Ofen stellen.

Servieren – ab auf den Tisch
• Die warmen Buns halbieren, beide Hälften dick mit der Tomatenkonfitüre bestreichen. Untere Bun-Hälften mit je zwei Salatblättern, je einem Patty, je zwei Tomaten-, Gurken- und Zwiebelscheiben belegen und die Bun-Deckel auflegen. Diese mit je 1 Holzspieß fixieren, fertig.

BURGER II:
CHICKEN CAESAR STAR MIT PARMESAN

Caesar Salad goes Burger Fun: Hähnchenfleisch, selbst gemachte Mayo als Dressing und gaaanz viel Parmesan – ein Italo-American-Burger-Spaß!

Für die Caesar's Mayo

1 Zitrone
3 zimmerwarme Eigelb (M)
3 EL Weißweinessig
3 TL mittelscharfer Senf
12 Sardellen (aus dem Glas)
750 ml Sonnenblumenöl
Salz
Pfeffer

Für den Belag

2 reife Tomaten
¼ Salatgurke
1 kleine rote Zwiebel
2 Römersalatherzen
600 g Hähnchenbrustfilet
2 EL Sonnenblumenöl
Salz
Pfeffer
200 g Parmesan (am Stück)

Außerdem

6 Burger-Buns (Rezept s. S. 34)
6 Holzspieße (10 cm lang)

 **Good to know**

Nichts geht übers Original! Original Caesar-Dressing kommt ohne Sardellen als Geschmacks-Booster nicht aus. Und gerade das mag ich sehr: Man braucht dann viel weniger Salz, und die pikante Würze kommt mit dem zarten Hühnerfleisch richtig gut!

DIE KOCHTIMELINE FÜR 6 FREUNDE

Vorbereitung – 2 Tage vorher (5 Min.)

• Für die Caesar's Mayo die Zitrone auspressen. Die Eigelbe in einen hohen Rührbecher geben. Essig, Senf und die Sardellen samt dem Öl dazugeben und den Becherinhalt mit dem Pürierstab fein pürieren. Nun langsam zuerst tropfenweise, dann in dünnem Strahl das Sonnenblumenöl dazugeben und den Pürierstab dabei im Becher immer hoch und runter bewegen, bis die Mayo fest geworden ist und glänzt. Die Mayo mit Salz, Pfeffer und Zitronensaft abschmecken und zugedeckt bis zur Party kalt stellen.

Kochen – am Vortag (20 Min. + 3 Std. 20 Min. Ruhen)

• Die Burger-Buns wie auf Seite 34 beschrieben vorbereiten. Für den Belag die Tomaten waschen, vom Stielansatz befreien und in feine Scheiben schneiden. Die Gurke und die Zwiebel schälen und in feine Scheiben schneiden. Die Salatherzen vom Strunk befreien und in einzelne Blätter zupfen. Diese waschen und trocken schleudern. Alle Zutaten für den Belag separat in Vorratsdosen verpackt im Kühlschrank bis zur Party lagern.

Finish – am Party-Tag (20 Min. + 1 Std. Ruhen + 25 Min. Backen)

• Die Buns wie im Rezept auf Seite 34 beschrieben backen.
• Den Backofen angeschaltet lassen. Das Hähnchenbrustfilet kalt abspülen, mit Küchenpapier trocken tupfen und quer zur Faser in 1 cm dicke Scheiben schneiden. Das Öl in einer ofenfesten Pfanne stark erhitzen und die Hähnchenbrustscheiben darin von beiden Seiten in ca. 2 Min. goldbraun anbraten. Die Hähnchenscheiben mit Salz und Pfeffer würzen und in der Pfanne auf den Backofenrost noch 10 Min. in den heißen Backofen (Mitte) stellen. Den Parmesan mit dem Sparschäler in breite Späne hobeln.

Servieren – ab auf den Tisch

• Die warmen Buns aufschneiden, auf beiden Seiten dick mit der Mayo bestreichen. Auf die unteren Bun-Hälften je zwei Salatblätter legen, mit je einem Sechstel der Hähnchenscheiben belegen, je zwei Tomaten-, Gurken- und Zwiebelscheiben sowie je ein Sechstel des Parmesans darauf verteilen und die Bun-Deckel auflegen. Diese mit je 1 Holzspieß fixieren.

STARTER:
WALDORFSALAT MIT CRANBERRYS

Cool: Dieser Klassiker aus Manhattan ist ein echter Knaller-Auftakt – super crunchy und dank der Cranberrys farblich die Wucht! Schmeckt übrigens auch toll mit Goji-Beeren.

200 g Sahnejoghurt (10 % Fett)
60 ml Orangensaft
Salz
Pfeffer
8 EL Walnusskerne
4 EL getrocknete Cranberrys
2 mittelgroße Knollen Sellerie
2 Äpfel

Good to know

Das Waldorf-Astoria-Hotel in Manhattan hat eine Glamour-Vergangenheit. Es war mal ein Hotspot des Jet-Set, ganz nach dem Motto: In ist, wer drin ist! 1893 wurde der Waldorfsalat hier erstmals serviert. Die Kombi aus Knollensellerie, Äpfeln und Walnüssen war auf Anhieb so beliebt, dass sie schnell zum Klassiker wurde. Bis heute eine unschlagbare Verbindung! Wer das Dressing noch einen Tick säuerlicher und erfrischender mag, kann statt Orangensaft auch die gleiche Menge frisch gepressten Zitronensaft dafür nehmen.

DIE KOCHTIMELINE FÜR 6 FREUNDE

Kochen – am Vortag (20 Min.)

• Den Joghurt zusammen mit dem Orangensaft in eine Schüssel geben, verrühren und mit Salz und Pfeffer würzen. Die Walnüsse und Cranberrys grob hacken. Den Knollensellerie putzen und schälen. Die Äpfel waschen, vierteln und vom Kerngehäuse befreien. Sellerie und die Apfelviertel sehr grob raspeln und unter die Joghurtsauce mischen. Nüsse und Cranberrys untermischen und den Salat über Nacht im Kühlschrank durchziehen lassen.

Finish – kurz vor dem Servieren (2 Min.)

• Den Waldorfsalat noch einmal kräftig durchmischen und bei Bedarf nochmals mit Salz und Pfeffer abschmecken.

Servieren – ab auf den Tisch

• Den Salat auf einer Platte anrichten und auf den Tisch stellen, fertig.

DESSERT:
NEW YORK CHEESECAKE MIT KIRSCHSAUCE

Statt »Big Apple« müsste New York eigentlich eher »Big Cherry« heißen. Mit Kirschen kommt der Dessert-Klassiker nämlich ganz groß raus!

Für den Cheesecake
200 g Sahne
300 g Doppelrahmfrischkäse
375 g Quark (40 % Fett)
4 EL Zucker
3 EL Zitronensaft
2 Pck. Vanillezucker
12 Löffelbiskuits (ersatzweise
*   Butterkekse)*

Für die Sauce
600 g (TK-)Kirschen (entsteint)
200 g Zucker

Außerdem
6 breite Gläser à 300 ml
2 große Spritzbeutel
4 Verschluss-Clips
18 Minzblätter

Take it easy!

Sollten Kirschen gerade Erntesaison haben – das ist im Juni und Juli, kauf sie für das Dessert natürlich am besten frisch. Wenn aber nicht: TK-Ware tut's auch – da kann man von Herbst bis Frühling ruhig mal ein Auge zudrücken!

DIE KOCHTIMELINE FÜR 6 FREUNDE

Kochen – am Vortag (15 Min.)
• Für die Cheesecake-Creme die Sahne steif schlagen. In einer zweiten Schüssel Frischkäse, Quark, Zucker, Zitronensaft und Vanillezucker verrühren. Die Sahne mit einem Teigschaber vorsichig unter die Masse heben. Die Creme in einen Spritzbeutel füllen, diesen auf beiden Seiten mit je 1 Clip verschließen und die Creme über Nacht kalt stellen.

• Für die Sauce die Kirschen und den Zucker in einen Topf geben, zum Kochen bringen und mit dem Pürierstab fein pürieren. Die Sauce gut abkühlen lassen, dann separat in einen Spritzbeutel füllen, diesen auf beiden Seiten mit je 1 Clip verschließen und über Nacht im Kühlschrank lagern.

Finish – kurz vor dem Servieren (10 Min.)
• Die Löffelbiskuits mit der Hand fein zerbröseln und in die Gläser füllen. Abwechselnd Cheesecake-Creme und Kirschsauce daraufschichten.

Servieren – ab auf den Tisch
• Minze waschen, trocken schütteln und die Blättchen abzupfen. Cheesecakes mit Minzeblättchen garnieren und auf den Tisch stellen, fertig.

SIDE DISH:
SWEET POTATOE CHIPS MIT GUACAMOLE

Wenn schon, denn schon: Pommes gehören zu einem Burger-Essen einfach dazu. Und selbst gemacht aus Süßkartoffeln sind sie natürlich der absolute Hit!

Für die Guacamole
1 Bio-Zitrone
4 reife Avocados
Salz
Pfeffer (frisch gemahlen)
1 frische rote Chilischote

Für die Sweet Potatoes
6 große Süßkartoffeln (ca. 1,5 kg)
6 EL Sonnenblumenöl
3 TL Salz
2 TL edelsüßes Paprikapulver
2 Zweige Thymian
2 Zweige Rosmarin
Pfeffer (frisch gemahlen)

Good to know

Klar, man kann Pommes und Guacamole auch kaufen. Aber frisch gemacht sind sie um Längen besser. Wenn man die Guacamole selber mixt, weiß man zum Beispiel genau, was drin ist. Und der natürlich-sahnige Geschmack der Avocado kommt durch eigenes Abschmecken viel individueller rüber. Chips, heiß aus dem Ofen, sind sowieso so unwiderstehlich, dass man nie genug davon haben kann. Die natürliche Süße und der Stärkegehalt der Sweet Potatoes verleihen dem Chipsknusper noch einen extra Wumms!

DIE KOCHTIMELINE FÜR 6 FREUNDE

Kochen – am Vortag (5 Min.)

• Für die Guacamole die Zitrone auspressen. Die Avocados halbieren, entkernen, das Fruchtfleisch mit einem Löffel aus der Schale in eine Schüssel schaben und mit einer Gabel zerdrücken. Den Zitronensaft dazugeben, unterrühren und die Mischung mit Salz und Pfeffer abschmecken. Die Chili halbieren, von Kernen befreien, waschen und fein würfeln. Avocadomus und Chiliwürfelchen im Pürierstab oder mit dem Stabmixer fein pürieren. Die fertige Guacamole in eine dichtschließende Plastikdose füllen und über Nacht bis zum Servieren in den Kühlschrank stellen.

Finish – kurz vor dem Servieren (15 Min. + 25 Min. Backen)

• Für die Sweet Potatoe Chips den Backofen auf 180° vorheizen und ein Backblech mit Backpapier belegen. Die Süßkartoffeln gründlich waschen. Am besten geht das mit einer Bürste unter fließendem Wasser. Die spitzen Süßkartoffelenden abschneiden und die Kartoffeln in gleichmäßige Spalten schneiden. Diese in eine Schüssel geben. Öl, Salz und Paprikapulver dazugeben und alles gut vermengen. Süßkartoffeln auf dem Backblech verteilen und im heißen Ofen (Mitte) 25 Min. backen, bis die Kartoffelspalten weich und leicht gebräunt sind. In der Zwischenzeit Thymian und Rosmarin waschen, trocken schütteln und Blättchen bzw. Nadeln von den Zweigen streifen. Anschließend die Blättchen und Nadeln fein hacken.

Servieren – ab auf den Tisch

• Die Sweet Potatoe Chips auf einer Platte anrichten, mit Thymian, Rosmarin und frisch gemahlenem Pfeffer bestreuen. Die Guacamole in Schälchen verteilen und mit auf den Tisch stellen, fertig.

READY TO ENJOY!
RELAXTES TIMING – ENTSPANNTER GENUSS

Das ist typisch New York: Food-Shopping, Drinks und Deko locker vom Hocker – mit diesen smarten, schnellen Tipps ist das alles kein Problem!

SETTING THE TABLE

Pure and simple – Tischdecken ganz ohne Stress

So deckst du für 6 Leute:
je 6 Messer, Gabeln, Suppenlöffel
je 6 Kuchengabeln und Dessertlöffel
6 große, flache Teller
6 kleine Salat-Bowls oder -teller
je 6 Espressotassen und -löffel
je 6 Wasser- und Cola-Gläser
je 6 Bier- und Whiskeygläser
Meersalz und Pfeffer aus der Mühle
1 große Schüssel
4 große Servierplatten
3 kleine Servierschälchen
1 Warmhalteplatte für die Burger (optional)
6 Papier- oder Stoffservietten

GETTING THE DRINKS

Easy und leger – Drink-Genuss wie im Manhattan Diner

Die Getränkeliste für 6 Leute:
12–14 Flaschen Bier (siehe Tipp)
6 große Flaschen Cola
6–8 Flaschen Wasser (halb mit Kohlensäure, halb still)
1 Flasche Whiskey (z. B. Bourbon, Kentucky, Tennessee oder Canadian)
Espresso

Tipps zu den Drinks

Ultrahip in New York: die Craft-Beer-Szene. Junge, regionale Mikro-Brauereien boomen auch bei uns. Die Biere findest du sogar im gut sortierten Supermarkt!
Für den Whiskey: Eiswürfel nicht vergessen!

EINKAUFSLISTE

*Stay cool! Einfach mit dieser Liste in den Supermarkt gehen
und du hast alles für den Tisch parat. Just in time!*

Obst- und Gemüseabteilung

6 große Süßkartoffeln
2 kleine rote Zwiebeln
5 Schalotten
3 Knoblauchzehen
1 frische rote Chilischote
4 reife Avocados
20 mittelgroße Tomaten
½ Salatgurke
2 mittelgroße Knollen Sellerie
4 Römersalatherzen
2 Äpfel
600 g Kirschen (oder TK)
2 Bio-Zitronen
2 Zweige Rosmarin
2 Zweige Thymian
18 Blätter Minze (oder im Topf)
½ Bund Basilikum (oder im Topf)

Feinkost, Gewürze & Co.

750 ml + 12 EL Sonnenblumenöl
Schwarzer Pfeffer aus der Mühle
Feines Meersalz
2 TL edelsüßes Paprikapulver
*2 TL Zatar (orientalische Gewürz-
   mischung, s. Tipp S. 142)*
3 TL mittelscharfer Senf
12 Sardellen
50 g Tomatenmark
110 ml Rotweinessig
3 EL Weißweinessig
60 ml Orangensaft
3 EL Zitronensaft
8 EL Walnusskerne
4 EL getrocknete Cranberrys

Backzutaten

220 g + 4 EL brauner Zucker
250 g Zucker
1,1 kg Weizenmehl (Type 405)
2 Pck. Bourbon-Vanillezucker
12 Löffelbiskuits oder Butterkekse

Kühlregal, Molkereiprodukte und Eier

11 Eier (M)
20 g frische Hefe (ca. ½ Würfel)
260 g Butter
200 g + 4 EL Sahne
300 g Doppelrahmfrischkäse
375 g Quark (40 % Fett)
200 g Sahnejoghurt (10 % Fett)
200 g Parmesan (am Stück)
6 Scheiben Cheddar-Käse

Fleisch und Wurstwaren

900 g Rinderhackfleisch
6 Scheiben Bacon
600 g Scheiben Hähnchenbrustfilet

TK-Produkte

600 g Kirschen (oder frisch)

Küchenutensilien

12 Holzspieße, 10 cm lang
2 große Spritzbeutel
4 Verschluss-Clips
6 breite Gläser à 300 ml

 Gut geplant

Bei manchen Zutaten brauchst du weniger
als die handelsübliche Menge – perfekt!
Dann hast du gleich was auf Vorrat.
Für optimales Timing: Alle Zutaten für die
Rezepte am besten zwei Tage vor dem
Kochevent einkaufen!

SIMPLY AFTER WORK

Time out! Endlich Feierabend – auch beim Kochen des Menüs. Es ist eines der schnellsten in diesem Buch. Der perfekte Auftakt für ein relaxtes Wochenende!

Lass krachen! Du kannst die Tomaten schon am Vorabend marinieren. Das Beste: Das Aroma der Crostini wird dann noch intensiver. Reinbeißen, abbeißen, genießen!

One Night Stand: Sellerie und Apfel sind das perfekte Match! Zum Abkühlen gönnst du ihnen eine Nacht im Kühlschrank. Kurz vorm Servieren bringst du sie wieder auf Temperatur.

Tisch 3

Ruck, zuck im Time-out-Modus:
Alle Gerichte sind so schnell fertig,
dass man gar nicht merkt, wie die Zeit
vom ersten Schnibbeln der Tomaten
bis zum Ah! und Oh! beim Anschnei-
den der Moussaka vergeht.

Klare Sache: Auch das Dessert wird im Wochenend-Mo-
dus zubereitet. Am Vorabend
mixt du die Creme. Dann
gibst du ihr eine Nacht im
Kühlschrank. Und füllst zum
Finish alles in Gläser.

Schutzmantel: Wieder so
ein Vorbereitungswunder! Du
füllst und wickelst die Wraps
am Vorabend – und lässt sie
schön eingepackt im Kühl-
schrank übernachten!

Schon mal ein bisschen vorglühen:
Am Tag vorher alles vorbereiten und in die
Auflaufform schichten. Über Nacht den
Kühlgang einlegen. Wenn die Freunde
kommen – ab ins heiße Rohr damit!

53

SIMPLY AFTER WORK –
GECHILLT INS WOCHENENDE

Freitagabend: Jetzt mal alles vergessen, was im Job die Woche über los war. Bisschen runterkommen und relaxen. Mit lieben Leuten feiern, lachen und genießen. Was jetzt zählt: Gerichte,
die supereinfach sind und sich quasi wie von selber machen. Weekend-Feeling pur!

Das Letzte, was man nach einer Woche im Job braucht, ist
Kochstress zum Wochenendauftakt. Doch statt Pizza vom
Lieferservice zu essen, setzen wir uns lieber ganz gechillt an
den After-Work-Dinner-Tisch! Alle Gerichte sind me-
ga-simpel vorzubereiten. Die Freunde klingeln an der Tür –
und in maximal einer Dreiviertelstunde könnt ihr alle so
richtig schön schlemmen. Hoch die Hände – Wochenende!

Teamwork? Oder lieber alles selber machen?

Alles ist möglich. Wenn du zu den Leuten gehörst, die beim
Kochen am besten entspannen können, hast du vielleicht
Lust, alle Gerichte für deine Freunde selbst zu kochen. Du
kannst damit schon einen Tag vorher beginnen, zum Beispiel mit der Tomatensalsa für die Crostini, mit den Wraps,
der Suppe, der Moussaka – und mit der Joghurtcreme fürs
Dessert. Also praktisch mit allen!
Bei jedem Rezept habe ich genau beschrieben, was du auf
welche Weise vorbereitest – und was du mit deinen Freunden kurz vor dem Dinner als Finish machst. Wenn du am
Tag vor dem Fest lieber etwas mehr Zeit für dich haben
möchtest, lagerst du einfach ein paar der Rezepte an deine
Gäste aus (welche geeignet sind, steht im Infokasten rechts).

Gut geplant

Drei, zwei, go! Das ist das Dinner mit der
kürzesten Zubereitungszeit von allen.
Einfach der Timeline in den Rezepten
folgen. Solltet ihr Suppe und Moussaka
(bis auf das Finish) einen Tag vorher
zubereiten, ist alles in 45 Minuten fertig!

Die Timeline – Garantie für schnelles Fertigwerden

Wenn ihr alle zusammen kochen wollt, werdet ihr merken,
wie einfach strukturiert die Rezepte sind: »Kochen« bezieht
sich auf die Zubereitung, »Finish« auf die Schritte zur Fertig-
stellung und »Servieren« auf die letzten Kleinigkeiten, die jedes Gericht zu einem Hingucker und zu einem echten Fest-
essen für dich und deine Freunde machen.
Jeder von euch nimmt sich ein Rezept vor. Fangt am besten
mit dem Dessert an, so kann die Creme bis zum Dinner
schön durchkühlen. Dann sind Suppe und Moussaka dran –
der griechische Auflauf braucht zum Brutzeln im Backofen
noch circa 50 Minuten. In der Zeit sind Crostini und Wraps
locker aus dem Handgelenk getoppt und gewickelt. Dazu einen spritzigen Prosecco, ein kühles Bierchen oder einen
Martini auf Eis – und das Wochenende kann kommen!

Diese Gerichte können deine Freunde vorbereiten und mitbringen

Einfach die Rezepte mit der Zutatenliste scannen und verschicken!

- Alles für die Crostini mit Tomaten und Pinienkernen (die Tomatensalsa kann einen Tag vorher zubereitet werden)
- Die fertigen Wraps (weil sie nach einer Nacht im Kühlschrank noch besser schmecken)
- Die Moussaka fix und fertig geschichtet in der Auflaufform (überbacken wird sie bei dir)

Ihr wollt alles zusammen kochen?

Dann kannst du das zu Hause schon mal vorbereiten:

Zwei Tage vorher:

- Rezepte scannen, an deine Freunde schicken – die Vorfreude steigert den Appetit!
- Einkaufsliste scannen und alles einkaufen
- Topfkräuter aus der Verpackung nehmen und gegebenenfalls gießen

Einen Tag vorher:

- Für jedes Rezept die Zutaten wie beschrieben vorbereiten
- Alle Zutaten passend zu den Rezepten sortieren und so lagern, dass ihr am nächsten Tag beim Kochen für jedes Gericht alles griffbereit habt
- Tomatensalsa für die Crostini mixen und über Nacht kühl stellen
- Wraps zubereiten, einzeln in Folie wickeln und im Kühlschrank lagern
- Apfel-Sellerie-Suppe zubereiten und ebenfalls in den Kühlschrank stellen
- Die Pekannüsse fürs Dessert karamellisieren
- Alles zum Tischdecken bereitstellen (s. S. 66)
- Getränke kühlen, Eiswürfel vorbereiten

Wenn alle da sind:

- Festlegen: Wer macht was? (Jeder übernimmt ein Gericht)
- Wer kein Rezept kocht, deckt schon mal in aller Ruhe den Tisch
- Und dann: Eiswürfel ins Glas, Martini reingegossen und Prost! Auf einen gechillten Feierabend!

AUS DEM OFEN:
RATZFATZ-MOUSSAKA MIT AUBERGINEN

Das Rezept stammt von einer Freundin. Sie brachte es mal zu einem Supper Club mit. Schnell wurde es zu einem Lieblingsgericht. Und kommt seither immer wieder auf den Tisch!

700 g festkochende neue Kartoffeln
1 ½ Auberginen
4 EL Sonnenblumenöl
Salz
Pfeffer
½ TL Zimtpulver
1 TL gemahlener Kreuzkümmel
2 rote Zwiebeln
3 Knoblauchzehen
600 g Rinderhackfleisch
2 Dosen stückige Tomaten (à 400 g)
140 g Parmesan (am Stück)
45 g Butter
45 g Mehl
400 ml Milch
3 Eier (M)
½ TL frisch geriebene Muskatnuss

Außerdem
1 Auflaufform (ca. 30 × 40 cm)
Olivenöl für die Form

Good to know

Was für Italien die Lasagne, ist für die griechische Küche die Moussaka: ein unkompliziertes Auflaufgericht für die ganze Familie, meist mit Hackfleisch, Kartoffeln und Auberginen, oft auch mit Zucchini oder Fisch – und sehr oft auch ohne Fleisch! Meine Moussaka orientiert sich am griechischen Original. Es stammt ursprünglich aus dem arabischen Raum.

DIE KOCHTIMELINE FÜR 6 FREUNDE

Kochen – am Vortag (35 Min.)

• Die Kartoffeln sehr gründlich waschen, in ½ cm dicke Scheiben schneiden und in eine Schüssel geben. Auberginen putzen, waschen und in ½ cm dicke Scheiben schneiden. Je 1 EL Öl in einer Grillpfanne erhitzen und die Auberginenscheiben darin in drei Portionen von beiden Seiten goldgelb anbraten. Die gegrillten Scheiben zu den Kartoffeln geben, alles mit Salz, Pfeffer, Zimt und Kreuzkümmel würzen und gut vermischen.

• Die Zwiebeln und den Knoblauch schälen und fein würfeln. Das restliche Öl in einem Bräter erhitzen und Zwiebeln und Knoblauch darin farblos anbraten. Das Hackfleisch dazugeben und ca. 10 Min. anbraten. Die Dosentomaten dazugeben, das Ragout noch einmal aufkochen und mit Salz und Pfeffer abschmecken. Den Parmesan fein reiben.

• Für die Béchamelsauce die Butter in einem Topf zerlassen. Das Mehl dazugeben und darin kurz anschwitzen. Nach und nach die Milch zugießen und unter Rühren dicklich einkochen lassen. Die Sauce mit Salz und Pfeffer abschmecken, vom Herd nehmen, 50 g Parmesan und die Eier unterrühren.

• Die Auflaufform mit Olivenöl fetten. Die Hälfte der Kartoffel- und Auberginenscheiben darin verteilen, diese mit Salz, Pfeffer und Muskatnuss würzen und mit etwas Parmesan bestreuen. Die Hackfleischsauce gleichmäßig darauf verteilen. Die restlichen Kartoffeln und Auberginen daraufschichten und mit der Béchamelsauce begießen. Moussaka mit dem restlichen Käse bestreuen und über Nacht in den Kühlschrank stellen.

Finish – kurz vor dem Servieren (5 Min. + 50 Min. Backen)

• Den Backofen auf 180° vorheizen und die Moussaka darin auf mittlerer Schiene ca. 50 Min. backen, bis der Käse geschmolzen und goldgelb ist.

Servieren – ab auf den Tisch

• Die Moussaka auf eine feuerfeste Unterlage auf den Esstisch stellen, fertig.

SUPPE:
APFEL-SELLERIE-SUPPE MIT WALNÜSSEN

Die Suppe ist mein All-year-round-Wohlfühlgericht. Äpfel und Sellerie gibt's das ganze Jahr, Nüsse auch – und die Mischung aus fruchtig und wurzelgemüsig schmeckt allen!

500 g Knollensellerie
3 Äpfel
100 g weiße Zwiebeln
25 g Butter
1,4 l Gemüsebrühe
200 g Sahne
Salz
Pfeffer
1 EL Zucker
180 g Walnusskerne
½ Bund Petersilie
6 TL Zitronenöl

Good to know

Falls du nicht extra Walnüsse kaufen möchtest, weil du noch andere Nüsse zu Hause hast, kannst du ruhig diese verwenden: Jede Art von Nüssen passt sich dem fruchtig-milden Apfel-Sellerie-Geschmack an und toppt die cremige Suppe mit lecker-knusprigem Crunch!

DIE KOCHTIMELINE FÜR 6 FREUNDE

Kochen – am Vortag (15 Min. + 35 Min. Garen)
• Den Knollensellerie putzen, schälen und würfeln. Die Äpfel waschen, vierteln, vom Kerngehäuse befreien und grob würfeln. Die Zwiebeln schälen und würfeln. Die Butter in einem Topf erhitzen und Sellerie, Äpfel und Zwiebeln darin bei mittlerer Hitze ca. 5 Min. andünsten.

• Die Gemüsebrühe angießen, aufkochen und die Suppe zugedeckt bei mittlerer Hitze ca. 35 Min. köcheln lassen. Dann die Suppe mit dem Pürierstab fein pürieren. Die Sahne dazugeben, die Suppe nochmals kurz aufkochen und mit Salz und Pfeffer abschmecken. Die Suppe über Nacht kalt stellen.

Finish – kurz vor dem Servieren (15 Min.)
• Die Suppe nochmals aufkochen und mit Salz und Pfeffer abschmecken. Eine Pfanne erhitzen, den Zucker am Pfannenboden verteilen und karamellisieren. Die Nüsse dazugeben und im Karamell schwenken, dann auf ein Stück Backpapier schütten und etwas abkühlen lassen. Inzwischen die Petersilie waschen, trocken schütteln und die Blättchen abzupfen.

Servieren – ab auf den Tisch
• Die Suppe mit Petersilie, karamellisierten Walnüssen und dem Zitronenöl garnieren und im Topf auf den Tisch stellen.

FINGERFOOD I:
WRAPS MIT SCHINKEN UND MANGO-CHUTNEY

Smalltalk-Futter: Diese Wraps essen sich ganz easy nebenbei aus der Hand – perfekt für entspanntes Ratschen und miteinander Lachen!

3 Möhren (ca. 200 g)
3 Mini-Römersalate
*225 g hauchdünner Putenschinken-
    aufschnitt*
½ Bund gemischte Kräuter
6 Weizen-Wraps (20 cm Ø)
*200 g Hummus (orientalischer Kicher-
    erbsenaufstrich; Fertigprodukt)*
12 TL Mango-Chutney (aus dem Glas)

Außerdem
12 Stücke Butterbrotpapier

 **Take it** easy!

Klar könnte man das Mango-Chutney auch selber machen. Aber hey! – du und deine Freunde, ihr habt schließlich die ganze Woche gearbeitet. Also bloß keinen unnötigen Stress! Im Supermarkt und in Feinkostgeschäften gibt es eine große Auswahl verschiedener Mango-Chutneys. Ich finde, es macht richtig Spaß, sich da mal durchzuprobieren. Nehmt einfach eure Lieblings-Version. Ob eher fruchtig, ein bisschen süßer oder leicht scharf – für dieses Rezept passen alle!

DIE KOCHTIMELINE FÜR 6 FREUNDE

Kochen – am Vortag (15 Min.)
• Die Möhren putzen, schälen und grob in eine Schüssel raspeln. Die Salate vom Strunk befreien, in einzelne Blätter zupfen, waschen und trocken schleudern. Dann die Salatblätter zusammen mit dem Putenaufschnitt in 1 cm dicke Streifen schneiden und zu den Möhren in die Schüssel geben. Die Kräuter waschen, trocken schütteln, die Blättchen abzupfen und diese in Streifen schneiden. Kräuter ebenfalls in die Schüssel geben und alle Zutaten gut vermischen.

• Die Wraps dünn mit Hummus bestreichen. Dann je ein Sechstel der Salatmischung und je 2 TL Chutney auf jedem Wrap verteilen, dabei am oberen Rand ca. 4 cm frei lassen. Die Seitenränder etwas nach innen klappen, die Wraps dann von unten nach oben aufrollen, in Frischhaltefolie wickeln und über Nacht in den Kühlschrank legen.

Finish – kurz vor dem Servieren (5 Min.)
• Wraps aus der Frischhaltefolie wickeln und in der Mitte schräg halbieren. Die Enden mit je 1 Stück Butterbrotpapier umwickeln.

Servieren – ab auf den Tisch
• Die Wraps auf einer Platte anrichten und auf den Tisch stellen, fertig.

FINGERFOOD II:
CROSTINI MIT TOMATEN UND PINIENKERNEN

Kleine Pause gefällig? Lass die Tomatensalsa einfach eine Nacht durchziehen, dann schmeckt sie beim After-Work-Dinner gleich nochmal so gut!

1 Knoblauchzehe
5 EL Pinienkerne
2 kleine Zwiebeln
600 g reife Tomaten
10 Basilikumblätter
16 EL Olivenöl
2 EL Aceto balsamico bianco
1 TL Zucker
Salz
Pfeffer
2 Ciabatta-Brote

 **Take it** easy!

Auf schlichtem Ciabatta oder Wurzelbrot kommen die aromatisierten Tomaten richtig gut raus. Wer es noch einen Tick herzhafter mag, kann auch kräftiger gewürztes Stangenbrot, zum Beispiel mit Kräutern, verwenden. Auch mediterranes Landbrot mit Nüssen, Oliven oder getrockneten Tomaten macht sich super als Unterlage für die Tomatensalsa. In Supermärkten gibt es inzwischen solche gewürzten Brote im Brotregal – und in gut sortierten Bäckereien sowieso.

DIE KOCHTIMELINE FÜR 6 FREUNDE

Kochen – am Vortag (10 Min.)
• Den Knoblauch schälen und fein hacken. Pinienkerne in einer Pfanne ohne Fett unter ständigem Rühren rösten, bis sie rundum leicht gebräunt sind. Zwiebeln schälen und fein würfeln. Tomaten waschen, von den Stielansätzen befreien und in kleine Stücke schneiden. Die Basilikumblätter waschen, abtrocknen und in feine Streifen schneiden. Tomaten, Zwiebelwürfel, Pinienkerne und Basilikum in einer Schüssel vermengen. 2 EL Öl und den Essig unterheben. Die Tomatenmischung mit Zucker, Salz und Pfeffer abschmecken und zugedeckt über Nacht in den Kühlschrank stellen.

Finish – kurz vor dem Servieren (10 Min.)
• Die Brote in je neun ca. 1 cm dicke Scheiben schneiden. Je 2 EL Öl in einer großen Pfanne erhitzen und darin je drei Scheiben Ciabatta von beiden Seiten rösten, aus der Pfanne nehmen und auf einen großen Teller legen. Diesen Arbeitsschritt so lange wiederholen, bis alle Brotscheiben geröstet sind. Die Brote etwas abkühlen lassen und dann die Tomatenmischung daraufhäufeln.

Servieren – ab auf den Tisch
• Die Crostini auf eine große Platte legen, mit etwas Pfeffer übermahlen, mit etwas Olivenöl beträufeln und auf den Tisch stellen.

DESSERT:
VANILLEJOGHURT IM GLAS MIT BEEREN

Das unaufgeregteste Dessert der Welt – und eines der allerleckersten, das ich kenne. So super sahnig die Creme, toll anzuschauen – und herrlich sommerlich!

Für die Joghurtcreme
1 Zitrone
1 Vanilleschote
400 g Joghurt
400 g saure Sahne
600 g Frischkäse
4 TL Zucker

Für das Topping
1 TL Zucker
300 g Pecannusskerne
18 Minzeblätter
300 g Beeren (z. B. Erdbeeren,
  Himbeeren, Johannisbeeren)
6 TL gehackte Pistazienkerne

Außerdem
2–3 große Spritzbeutel
4–6 Verschluss-Clips
6 Gläser á 350 ml

Take it easy!

Sobald es frische Beeren gibt, kannst du für dieses Dessert wirklich jede Sorte nehmen, die gerade Saison hat und die du magst. Die Farbe der Früchte bildet zur sahnigweißen Creme im Glas immer einen tollen Kontrast – ein Hingucker!

DIE KOCHTIMELINE FÜR 6 FREUNDE

Kochen – am Vortag (10 Min.)
  • Für die Joghurtcreme die Zitrone auspressen. Die Vanilleschote längs aufschneiden und das Mark mit einem spitzen Messer herauskratzen. Zitronensaft und Vanillemark zusammen mit allen anderen Zutaten für die Creme in eine Schüssel geben und mit einem Schneebesen glatt verrühren. Die Masse in Spritzbeutel füllen, diese unten und oben mit je 1 Clip verschließen und die Masse im Kühlschrank über Nacht kalt stellen.
  • Fürs Topping eine Pfanne erhitzen und den restlichen Zucker (1 TL) darin karamellisieren. Die Pecannüsse dazugeben und so lange bei mittlerer Hitze wenden, bis sie mit dem Karamell ummantelt sind. Die Nüsse auf ein mit Backpapier belegtes Blech schütten und bis zum Servieren beiseitestellen.

Finish – kurz vor dem Servieren (5 Min.)
  • Die Minze, falls verwendet, waschen und trocken tupfen. Die Beeren verlesen, waschen, bei Bedarf putzen und eventuell etwas kleiner schneiden. Die Joghurtcreme mit dem Spritzbeutel auf die Gläser verteilen. Dann die Beeren und die karamellisierten Nüsse darauf verteilen und die Desserts mit den Minzeblättern sowie den gehackten Pistazien garnieren.

Servieren – ab auf den Tisch
  • Dann das Dessert mit allen anderen Speisen auf den Tisch stellen.

ENDLICH FEIERABEND!
AFTER-WORK-PARTY OHNE STRESS

Was nach Büroschluss zählt: null Aufwand, null Termindruck. Mit diesen Listen wird die Vorbereitung fürs gemeinsame Dinner garantiert zum Kinderspiel!

VOLLER TISCH

Bloß keine Umstände – der Tisch fürs After-Work-Meeting ist schnell gedeckt!

So deckst du für 6 Leute:

je 6 Messer, Gabeln, Suppenlöffel
6 Dessertlöffel
6 große, flache Teller
6 Suppenbowls oder -teller
6 Espressotassen und -löffel
je 6 Wasser- und Biergläser
6 Martinigläser
Meersalz und Pfeffer aus der Mühle
2 große Servierplatten
2 hitzebeständige Untersetzer
6 Papier- oder Stoffservietten

VOLLES GLAS

Entspannt runterkommen nach Feierabend – mit dieser Liste sind die Gläser gut gefüllt!

Die Getränkeliste für 6 Leute:

1 Flasche Martini dry (pur auf Eis oder mit Prosecco als Aperitif)
1 Flasche Prosecco
12–14 Flaschen Bier (siehe Tipp)
6–8 Flaschen Wasser (halb mit Kohlensäure, halb still)
Espresso

Tipps zu den Drinks

Kleinere Biere sehen appetitlicher aus als Halbliterflaschen. Vor allem die angesagten Craft-Biere schmecken großartig, kommen oft aus der Region und sind in vielen gut sortierten Supermärkten zu haben. Eiswürfel für den Martini nicht vergessen!

EINKAUFSLISTE

*No worries: Einkaufen nach dem Job – kein Problem! Nimm
die Liste einfach mit in den Supermarkt – dort kriegst du
dann alles, was du brauchst!*

Obst- und Gemüseabteilung
700 g festkochende neue Kartoffeln
100 g + 2 kleine weiße Zwiebeln
2 rote Zwiebeln
4 Knoblauchzehen
600 g Tomaten
1 ½ Auberginen
500 g Knollensellerie
3 Möhren (200 g)
3 Mini-Römersalate
3 Äpfel
300 g gemischte Beeren
1 Zitrone
½ Bund gemischte Kräuter
½ Bund glatte Petersilie
18 Blätter Minze
10 Blätter Basilikum

Feinkost, Gewürze & Co.
16 EL Olivenöl
4 EL Sonnenblumenöl
6 TL Zitronenöl
2 EL Aceto balsamico bianco
Schwarzer Pfeffer aus der Mühle
Feines Meersalz
1 TL gemahlener Kreuzkümmel
½ TL Zimtpulver
½ TL frisch gemahlene Muskatnuss
12 TL Mango-Chutney
1,4 l Gemüsebrühe (Instant oder Glas)
800 g stückige Tomaten (Dose)
180 g Walnusskerne
300 g Pecannusskerne
5 EL Pinienkerne
6 Weizen-Wraps (20 cm Ø)
2 Ciabatta-Brote

Backzutaten
1 EL + 6 TL Zucker
45 g Weizenmehl (Type 405)
1 Vanilleschote
6 EL gehackte Pistazienkerne

Kühlregal, Molkereiprodukte und Eier
3 Eier (M)
70 g Butter
400 ml Milch
200 g Sahne
400 g saure Sahne
600 g Frischkäse
400 g Joghurt
140 g Parmesan (am Stück)
200 g Hummus-Dip

Fleisch und Wurstwaren
600 g Rinderhackfleisch
225 g Putenschinken (in sehr dünnen Scheiben)

Küchenutensilien
*2–3 große Spritzbeutel (für insgesamt
  1,5 l Joghurtcreme)*
12 Stücke Butterbrotpapier
6 Gläser à 350 ml
4–6 Verschluss-Clips
1 Auflaufform (30 × 40 cm)

Gut geplant

Mach dir keinen Kopf, wenn bei manchen
Zutaten die handelsübliche Packung
größer ist, als die Menge, die du fürs
Rezept brauchst. Du hast dann einfach
schon was auf Vorrat!
Für optimales Timing: Alle Zutaten für die
Rezepte am besten zwei Tage vor dem
Kochevent einkaufen!

STREETFOOD CORNER

Streetfood-Fun am Küchentisch! Das Geheimnis: Gute Vorbereitung, smartes Timing – was anderes machen die coolen Jungs vom Food Truck auch nicht!

Ab in den Becher! Der sommerliche Nizzasalat löffelt sich ganz unkompliziert weg. Kartoffeln und Eier kochst du schon am Vortag. Und der Rest klappt auch en passant.

One more, please! Hot Dogs mit selbstgemachtem Chili con Carne – wer könnte da widerstehen? Zumal das Saucentopping mit Zitrone und Safran gepimpt ist!

Kokossuppe: Veganes Schnell-Food mit Glücksfaktor: Ein Fest fürs Auge, super vorzubereiten und raffiniert gewürzt – mehr Ess-Spaß geht kaum!

Streetfood-Feeling pur: Aus der Hand futtern, Bier aus der Flasche trinken – und das Ganze mit einer guten Prise Luxus gewürzt!

Auf die Hand: Heute haben mal alle einen an der Waffel. Und weil die Dinger so gut sind, gerne auch zwei oder drei – hey, ist noch Waffelteig übrig? Wir brauchen dringend Nachschub!

It's Beef-Time! Ein bisschen Fleisch muss sein – aber bitte nur gutes! Die Zubereitung gelingt auch Anfängern. Und mit Spargel und Datteln schmeckt's rundherum wow!

Dippen, Nippen, Stippen: Ob Safran-Aioli, Bier aus der Flasche oder Salat aus dem Becher – hier wird das Easy Going gefeiert.

STREETFOOD CORNER –
FOOD-TRUCK-STYLE FÜR DAHEIM

Nette Leute treffen bei einem Bier, einen Hot Dog auf die Hand und dazu Pommes stippen – die Stimmung am Food Truck ist immer extrem locker und kommunikativ. Das lässt sich auch zu Hause haben. Der Vorteil dabei: Du kannst die Gerichte stilvoll pimpen!

Aus der Hand essen macht Spaß. Egal, wie alt man ist. Man steht zusammen, guckt nicht dauernd auf Messer und Gabel, schiebt sich etwas Leckeres in den Mund und sieht dabei den Leuten, mit denen man sich unterhält, in die Augen. Aus diesem Grund ist Streetfood für mich die kommunikativste Sache der Welt! Auch, weil es schnell geht, man sich nicht lange aufs Kochen konzentrieren muss – und viel Zeit fürs Wesentliche hat: mit Freunden Spaß haben, bei einem eiskalten Bierchen und gutem Essen.

Erst mal alleine – dann alle zusammen

Fürs authentische Food-Truck-Gefühl kannst du alleine in deiner Küche alles, was es zu essen und zu trinken gibt, für das Fest vorbereiten. Alle Rezepte sind so easy und praktisch geplant, dass du ohne jeden Stress an zwei Abenden alles soweit herrichten und vorkochen kannst. Wenn deine Freunde antanzen, besuchen sie dich in deiner Küche quasi wie am Food Truck: das Finish geht Hand in Hand, beim Tischdecken helfen alle mit, und nicht nur Hot Dogs und Pommes sind feinstes Fingerfood, sondern auch der Salat.
Wenn du nur einen Teil vorbereiten und das komplette Finish mit deinen Gästen machen möchtest, folge einfach der Anleitung in den Rezepten. Unter »Kochen« steht alles, was du am Tag zuvor vorkochen und vorbereiten kannst, wie zum Beispiel die marinierten Feigen und Rumpsteaks (siehe Rezept) oder den Fond für die Kokos-Curry-Suppe – der schmeckt am allerbesten, wenn er eine Nacht durchzieht. »Finish« schließlich ist die Rubrik, die alles erklärt, was ihr kurz vorm Essen miteinander zubereitet.

Gut geplant

Bei diesem Menü gehst du genauso vor wie die Köche in den Food Trucks. Allein oder mit deinen Freunden kannst du vieles in Ruhe vorbereiten. Wenn dann alle da sind, geht das Finish in deiner Küche ganz fix. Einfach nur den Rezepten folgen.

Die Zeit läuft!

Natürlich könnt ihr auch zusammen bei dir alles von A bis Z kochen. Folgt einfach der Timeline in den Rezepten und fangt mit den Kartoffeln und Eiern für den Nizzasalat an. Gleichzeitig macht sich jemand ans Chili con Carne für die Hot Dogs. Die Aioli ist ebenfalls fix gemacht!
Andere erwärmen inzwischen den Fond für die Suppe und machen sich ans Abschmecken.
Jetzt nur noch Spargelsalat und Rindfleisch, Hot Dogs und Pommes zubereiten, die Kuvertüre überm heißen Wasserbad schmelzen und den Waffelteig anrühren, damit er noch ein wenig ruhen kann. Schon werden deine vier Wände zum Streetfood-Hot-Spot – da die Hand drauf!
Und während der Teig ruht, könnt ihr schon mal mit einem Aperitif auf einen schönen Abend anstoßen. Perfekt zum Streetfood-Feeling passt eine Margarita: Die Ränder der Cocktailgläser zuerst mit Zitronensaft befeuchten und dann in einen Teller mit Salz tauchen. Pro Drink 4 cl Tequila, 2 cl Cointreau, 4 cl Zitronensaft und einige Eiswürfel in einen Shaker geben und kräftig schütteln, die Margarita durch ein Barsieb ins Glas gießen, fertig.

Tisch 4
Planung

Diese Gerichte können deine Freunde vorbereiten und mitbringen

Einfach die Rezepte mit der Zutatenliste scannen und verschicken!

- Alle vorbereiteten Zutaten plus Dressing für den Salat Nizza Style. Das Finish läuft bei dir
- Das fertig gekochte Chili con Carne für die Hot Dogs (und die Hot-Dog-Zutaten)
- Den Spargelsalat, die marinierten Feigen und Rumpsteaks für die Rinderstreifen mit grünem Spargel (und die restlichen Zutaten)

Ihr wollt alles zusammen kochen?

Dann kannst du das zu Hause schon mal vorbereiten:

Zwei Tage vorher:

- Rezepte scannen, an deine Freunde schicken – die Vorfreude steigert den Appetit!
- Einkaufsliste scannen und alles einkaufen

Einen Tag vorher:

- Für jedes Rezept die Zutaten wie beschrieben vorbereiten
- Alle Zutaten passend zu den Rezepten sortieren und so lagern, dass ihr am nächsten Tag beim Kochen für jedes Gericht alles griffbereit habt
- Kartoffeln und Eier für den Salat Nizza Style kochen und kühl stellen
- Chili con Carne und die Aioli für die Hot Dogs zubereiten und über Nacht kühlen
- Fond für die Kokos-Curry-Suppe kochen und über Nacht kalt stellen
- Feigen und Rumpsteaks für die marinierten Rinderstreifen vorbereiten und kühlen
- Alles zum Tischdecken bereitstellen (s. S. 86)
- Getränke kühlen, Eiswürfel vorbereiten

Wenn alle da sind:

- Festlegen: Wer macht was? (Jeder übernimmt ein Gericht)
- Wer kein Rezept kocht, deckt schon mal den Tisch
- Food-Truck-Feeling zum Miteinander-warm-werden: Bierflaschen öffnen, Saftschorle mixen, Prosecco einschenken – auf einen gechillten Abend!

MAIN COURSE I:
RINDERSTREIFEN MIT SPARGEL UND DATTELN

Wenn ich an Streetfood denke, fallen mir zuallererst frische Datteln ein. Ein orientalischer Bazar
und pure Datteln aus der Hand – das gehört für mich einfach zusammen!

Für den Salat

180 g getrocknete Feigen
200 ml Apfelsaft
1,2 kg grüner Spargel
Salz
150 g Pinienkerne
180 g frische Datteln (entsteint)
1 Stück frischer Ingwer (ca. 1 cm lang)
2 Knoblauchzehen
2 Zitronen
3 EL Olivenöl
Pfeffer

Außerdem

6 Rumpsteaks (1 cm dick; á 140 g)
1 EL Zatar (orientalische
* Gewürzmischung, s. Tipp S. 142)*
3 EL Sonnenblumenöl
Salz
Pfeffer

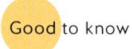 **Good to know**

Viele Supermärkte legen heute Wert
auf eine gut sortierte Fleischtheke mit
qualifiziertem Personal. Du kannst dort
nach der Herkunft des Fleisches fragen
und dich beraten lassen. Oder aber du
gehst gleich zum Metzger deines Vertrauens! Der kann dir auch Alternativen
empfehlen – zum Beispiel ein gut gereif-
tes, supersaftiges Rib Eye Steak.

DIE KOCHTIMELINE FÜR 6 FREUNDE

Vorbereitung – 2 Tage vorher (5 Min.)

• Die Feigen in eine Schüssel geben, mit dem Apfelsaft übergießen und über
Nacht einweichen. Die Rumpsteaks mit dem Zatar und dem Öl marinieren
und abgedeckt in den Kühlschrank stellen.

Kochen – am Vortag (25 Min.)

• Für den Salat den Spargel im unteren Drittel schälen und von den holzi-
gen Enden befreien. Spargelstangen in reichlich kochendem Salzwasser in
ca. 4 Min. garen, dann in ein Sieb abgießen und mit kaltem Wasser abspülen.
Spargelstangen zuerst quer halbieren, dann jeweils nochmals längs halbieren
und in eine große Schüssel geben.

• Die Pinienkerne in einer Pfanne ohne Fett unter ständigem Rühren bei
kleiner Hitze goldgelb anrösten. Feigen und Datteln halbieren und in grobe
Streifen schneiden. Pinienkerne, Feigen und Datteln zu den Spargelstücken in
die Schüssel geben. Ingwer und Knoblauch schälen, fein würfeln und ebenfalls
dazugeben. Zitronen auspressen und den Saft zusammen mit dem Olivenöl
unter den Salat mischen. Diesen mit Salz und Pfeffer abschmecken und über
Nacht im Kühlschrank durchziehen lassen.

Finish – kurz vor dem Servieren (10 Min.)

• Eine große Pfanne erhitzen, die Steaks darin auf beiden Seiten ca. 1 Min.
scharf anbraten, dann vom Herd ziehen und noch ca. 5 Min. ohne Hitzezufuhr
in der Pfanne ruhen lassen. Steaks in Streifen schneiden.

Servieren – ab auf den Tisch

• Den Salat noch mal mit Salz und Pfeffer abschmecken, auf sechs flache
Schalen verteilen und darauf die Rumpsteakstreifen anrichten, fertig.

SNACK TO GO:
SALAT NIZZA STYLE IM BECHER

Ready to eat: Im Becher serviert, snackt sich der Salat auf deinem Balkon mindestens so gut gelaunt weg wie an einer Uferpromenade der Côte d'Azur!

6 festkochende Kartoffeln (ca. 550 g)
Salz
6 Eier (M)
1 gelbe Paprika
1 Salatgurke
1 weiße Zwiebel
300 g Kirschtomaten
100 g schwarze Oliven
4 EL Weißweinessig
3 EL Olivenöl
Pfeffer
250 g Thunfisch im eigenen Saft
  (aus der Dose)
250 g Schafskäse (Feta)

Außerdem
6 Pappbecher à 250 ml

Good to know

Nizza-Salat ist der Sommerhit in den Restaurants der Côte d'Azur. Seine Wurzeln liegen in der ländlichen Küche der Provence. Das merkt man an den typischen Zutaten: sommerreife Tomaten, Oliven, Kartoffeln, Thunfisch, ... Was auch unbedingt hineingehört, sind Eier und Zwiebeln. Darüber hinaus gibt's aber so viele Varianten wie Sonnentage am Mittelmeer, mal mit dicken oder grünen Bohnen, mal mit Artischocken, mit Sardellen oder Petersilie – freestyle à la français, s'il vous plaît!

DIE KOCHTIMELINE FÜR 6 FREUNDE

Kochen – am Vortag (5 Min. + 30 Min. Garen)
• Die Kartoffeln gründlich waschen. In einen Topf zwei Fingerbreit Wasser füllen und zum Kochen bringen. Das Wasser salzen, die Kartoffeln dazugeben, zugedeckt bei mittlerer Hitze in ca. 30 Min. bissfest garen, anschließend abgießen, ausdampfen lassen und pellen. Während die Kartoffeln garen, in einem zweiten Topf Wasser zum Kochen bringen. Die Eier hineingeben, zugedeckt bei mittlerer Hitze in 10 Min. hart kochen, dann abgießen, kalt abschrecken und pellen. Kartoffeln und Eier zugedeckt in den Kühlschrank stellen.

Finish – kurz vor dem Servieren (15 Min.)
• Die Paprika halbieren, von Kernen und Trennwänden befreien, waschen und in 1 cm große Würfel schneiden. Gurke waschen, längs halbieren, die Kerne mit einem Löffel herauskratzen und das Fruchtfleisch in 1 cm große Würfel schneiden. Die Zwiebel schälen, halbieren und klein würfeln. Die Kartoffeln und die Eier ebenfalls in 1 cm große Würfel schneiden und alle vorbereiteten Zutaten in einer Schüssel vermischen.
• Die Kirschtomaten waschen, zusammen mit den Oliven halbieren und zum Salat geben. Essig und Öl dazugeben, den Salat mit Salz und Pfeffer abschmecken und gut vermischen. Den Salat in die Becher füllen. Den Thunfisch abtropfen lassen und mit einer Gabel zerpflücken. Fetakäse zerkrümeln und beides gleichmäßig auf den Salaten verteilen.

Servieren – ab auf den Tisch
• Die Nizzasalat-Becher auf den Esstisch stellen, je eine Gabel von oben in den Salat stecken, fertig. Oder jeder nimmt einen Becher in die eine und den Aperitif in die andere Hand und genießt Vorspeise und Sonnenuntergang gleichzeitig auf deinem Balkon. Bon appétit!

MAIN COURSE II:
CHILI-CON-CARNE-HOT-DOG MIT AIOLI

Aioli ist eine Knoblauch-Mayonnaise aus Frankreich, genauer gesagt aus der Provence.
Mit Safran gepimpt und zu Hot Dogs serviert, ist sie der absolute Hammer!

Für den Hot Dog

2 EL Sonnenblumenöl
200 g Rinderhackfleisch
1 frische rote Chilischote
120 g Kidneybohnen (aus der Dose)
160 ml scharfer Salsa-Dip (Fertigprodukt)
Salz
Pfeffer
100 g Cheddar-Käse (am Stück)
6 Hot-Dog-Brötchen
6 Hot-Dog-Würstchen

Für die Aioli

4 Knoblauchzehen
1 Bio-Zitrone
4 Eigelb (M)
3 EL Apfelessig
ca. 350 ml Olivenöl
1 EL Dijon-Senf
3 Msp. Safranpulver
Salz
Pfeffer

Für die Pommes

1,2 kg TK-Pommes-frites
Salz
Pfeffer

 **Take it easy!**

Mayo selber machen – nichts einfacher als
das! Mit meinem Rezept und einem
Pürierstab kriegst du das so locker vom
Hocker hin wie die Profis in der Out-
door-Küche eines Food Trucks!

DIE KOCHTIMELINE FÜR 6 FREUNDE

Kochen – am Vortag (ca. 30 Min.)

• Für das Chili con Carne das Öl in einer Pfanne erhitzen und das Hackfleisch darin krümelig anbraten. Inzwischen die Chilischote halbieren, von
Kernen befreien, waschen und hacken. Die Bohnen abtropfen lassen und zusammen mit der Chili zum Hackfleisch in die Pfanne geben. Beides kurz mitbraten. Den Salsa-Dip dazugeben, zum Kochen bringen und 5 Min. bei mittlerer Hitze köcheln lassen. Chili con Carne mit Salz und Pfeffer abschmecken,
abkühlen lassen und über Nacht in den Kühlschrank stellen.

• Für die Aioli den Knoblauch schälen und durch die Presse drücken. Die
Zitrone auspressen und den Saft zusammen mit den Eigelben und dem Apfelessig in einem hohen Rührbecher geben. Die Eigelbmischung mit einem Pürierstab ca. 3 Min. pürieren. Dann unter ständigem Mixen nach und nach in
dünnem Strahl das Olivenöl einfließen lassen, bis eine dickflüssige, cremige
Masse entsteht. Dijon-Senf, Knoblauch und Safran zur Aioli geben und diese
noch einmal glatt pürieren. Aioli mit Salz und Pfeffer abschmecken und zugedeckt über Nacht in den Kühlschrank stellen.

Finish – kurz vor dem Servieren (15 Min. + ca. 25 Min. Backen)

• Den Backofen nach Packungsangabe der Pommes vorheizen. Pommes auf
einem mit Backpapier belegten Backblech verteilen und nach Packungsangabe
im heißen Ofen (Mitte) in 20–25 Min. goldgelb backen.

• Das Chili con Carne in einen Topf geben und erhitzen. Den Cheddar reiben. Die Brötchen kurz im Ofen erwärmen. Inzwischen eine Grillpfanne erhitzen und die Würstchen darin von allen Seiten kurz angrillen. In jedes Brötchen je 1 Wurst legen. Dann das Chili con Carne auf den Würstchen verteilen
und mit Käse bestreuen. Wer mag, kann die Hot Dogs noch kurz in den Ofen
legen, bis der Cheddar geschmolzen ist.

Servieren – ab auf den Tisch

• Die fertigen Hot Dogs auf einer großen Platte anrichten. Die Pommes in
mehreren Schälchen anrichten und mit Salz und Pfeffer würzen. Die Aioli in
kleine Schälchen geben, fertig! Ab damit auf den Tisch.

SUPPE:
KOKOS-CURRY-GLASNUDEL-SUPPE

Fernost-Food zum Auslöffeln: Eine Suppe, so bunt, aromatisch und scharf wie direkt aus einer Garküche im Asia Street Market!

3 Knoblauchzehen
1 Stück frischer Ingwer (ca. 1 cm lang)
2 frische rote Chilischoten
2 Limetten
3 EL Sonnenblumenöl
3 EL rote Currypaste
1,2 l Gemüsebrühe
500 g Kokosmilch
2 EL Agavendicksaft
4 EL Sojasauce
300 g Glasnudeln
4 Frühlingszwiebeln
250 g Zuckerschoten
½ Bund Koriandergrün

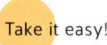 **Take it easy!**

Der Agavendicksaft verleiht der Suppe einen schön fruchtigen Geschmack. Solltest du keinen finden, lass dich nicht davon stressen! Dann nimmst du halt einfach Birnen- oder Apfeldicksaft oder eine Prise braunen Zucker.

DIE KOCHTIMELINE FÜR 6 FREUNDE

Kochen – am Vortag (15 Min.)

• Den Knoblauch und den Ingwer schälen und klein schneiden. Die Chilis halbieren, entkernen, waschen und klein schneiden. Die Limetten auspressen. Das Öl in einem hohen Topf erhitzen und die Currypaste darin ca. 5 Min. anschwitzen. Knoblauch, Ingwer und die Chili dazugeben und kurz mitbraten. Dann Gemüsebrühe, Kokosmilch, Limettensaft, Agavendicksaft und Sojasauce angießen und den Topfinhalt einmal aufkochen. Den Fond abkühlen lassen und anschließend über Nacht in den Kühlschrank stellen.

Finish – kurz vor dem Servieren (15 Min.)

• Den Fond aufkochen. Die Glasnudeln dazugeben und darin in ca. 5 Min. garen. Inzwischen die Frühlingszwiebeln und die Zuckerschoten putzen, waschen und in feine Streifen schneiden. Koriander waschen, trocken schütteln, die Blättchen abzupfen und diese ebenfalls in Streifen schneiden.

Servieren – ab auf den Tisch

• Den Fond mit den Glasnudeln auf den Tisch stellen. Zuckerschoten, Koriander und Frühlingszwiebeln gleichmäßig auf sechs Suppenschalen verteilen, zum Suppentopf stellen. Die Gäste können sich jetzt den Fond mit den Glasnudeln selber nach Belieben über das Gemüse in den Schälchen gießen.

SWEETS:
BUNTE VANILLE-WAFFELN MIT SCHOKOLADE

Yummy! Ob Weihnachtsmarkt oder Rockfestival – Waffeln sind der ultimative Kick für jeden Süßhunger outdoor. Und was draußen gut schmeckt, ist auch zu Hause der Hit.

Für den Waffelteig

150 ml Milch
42 g frische Hefe
350 g Butter
650 g Weizenmehl (Type 405)
3 Pck. Vanillezucker
½ Prise Salz
4 Eier
300 g Hagelzucker

Für die Garnitur

125 g weiße Kuvertüre
125 g Zartbitter-Kuvertüre
6 EL bunte Zuckerstreusel

Außerdem

Waffeleisen
Sonnenblumenöl für das Waffeleisen

 Take it easy!

Extra Waffeleisen anschaffen? Muss nicht sein! Du kannst die Waffeln auch in der Pfanne backen. Am besten in einer schweren, gusseisernen, die du vorher – so wie das Waffeleisen auch – dünn einölst. Dann musst du nur noch daran denken, die Waffeln einmal zu wenden. So werden sie von beiden Seiten schön kross.

DIE KOCHTIMELINE FÜR 6 FREUNDE

Finish – kurz vor dem Servieren (35 Min. + 30 Min. Ruhen)

• Die Milch lauwarm erhitzen, die Hefe hineinbröckeln, darin auflösen. Die Butter zerlassen. Mehl, Vanillezucker und Salz in einer großen Rührschüssel vermischen. Hefemilch, Eier, 150 ml Wasser und flüssige Butter dazugeben und mit den Knethaken des Handrührgeräts zu einem glatten Teig verkneten. Den Teig zugedeckt bei Raumtemperatur ca. 30 Min. gehen lassen.

• Etwa 5 Min. vor Ende der Gehzeit des Teigs das Waffeleisen vorheizen. Die Backflächen des Waffeleisens dünn mit Öl bestreichen. Den Hagelzucker unter den Teig heben. 4 EL Teig in die Mitte der unteren Backfläche des Waffeleisens geben. Das Waffeleisen zuklappen, etwas zusammendrücken und die Waffel darin in 2–3 Min. goldbraun backen. Auf die gleiche Art und Weise so viele Waffeln backen, bis der Teig aufgebraucht ist.

• Inzwischen Kuvertüren separat über einem heißen Wasserbad schmelzen. Waffeln mit der Kuvertüre besprenkeln und mit den Streuseln verzieren.

Servieren – ab auf den Tisch

• Die Waffeln auf einer Platte anrichten, fertig.

FEELING COMFY –
STREET STYLE MIT HEIMVORTEIL

Pommes im Sitzen, Hot Dogs am liebevoll hergerichteten Tisch – mit einer Prise Gemütlichkeit
wird aus Fast Food echtes Hygge-Soulfood!

HAVE A SEAT!

*Mal ehrlich: Am gedeckten Tisch schmeckt Streetfood gleich
noch einen Ticken besser!*

So deckst du für 6 Leute:

je 6 Messer, Gabeln, Suppenlöffel
6 große, flache Teller
6 Suppenschalen
6 flache Bowls (für die Rinderstreifen mit Spargelsalat)
6 Espressotassen und -löffel
je 6 Wasser- und Saftgläser
6 Proseccogläser
6 Schnapsgläser
Meersalz und Pfeffer aus der Mühle
2 große Servierplatten
3 Schalen für die Pommes
6 Schälchen für die Aioli
1 hitzebeständiger Untersetzer
6 Papierservietten

HAVE A DRINK!

Kein Gedöns im Glas: Auch bei den Getränken ist Street Style angesagt!

Die Getränkeliste für 6 Leute:

2 Flaschen Prosecco
12–14 Flaschen Bier
8–12 Flaschen Wasser (mit und ohne Kohlensäure,
*   s. Tipps zu den Drinks)*
Auswahl verschiedener Fruchtsäfte (z. B. Apfel,
*   Johannisbeere, Kirsche)*
Obstbrand als Digestif
Espresso

Tipps zu den Drinks

Falls du keine Biergläser im Schrank hast:
Zu Streetfood passt Bier aus der Flasche
sowieso am besten!
Wenn ihr gern Saftschorle trinkt, kauf
einfach ein paar Flaschen Sprudelwasser
mehr. Eiswürfel für kalten Schorlegenuss
nicht vergessen!

EINKAUFSLISTE

Einkaufen mit Food-Truck-Feeling: Alles an einem Ort und ready to go – mit der Liste hast du im Supermarkt ganz schnell alles Nötige beisammen!

Obst- und Gemüseabteilung

1,2 kg grüner Spargel
550 g festkochende Kartoffeln
1 weiße Zwiebel
4 Frühlingszwiebeln
9 Knoblauchzehen
300 g Kirschtomaten
1 gelbe Paprika
1 Salatgurke
250 g Zuckerschoten
3 frische rote Chilischoten
250 g frische Datteln (für 180 g entsteinte Datteln)
1 Stück frischer Ingwer (ca. 2 cm lang)
3 Bio-Zitronen
2 Limetten
½ Bund Koriander

Nudeln, Feinkost, Gewürze & Co.

350 ml + 6 EL Olivenöl
8 EL Sonnenblumenöl
4 EL Weißweinessig
3 EL Apfelessig
Schwarzer Pfeffer in der Mühle
Feines Meersalz
300 g Glasnudeln
1 EL Zatar (orientalische Gewürzmischung, s. Tipp S. 142)
3 Msp. Safranfäden oder -pulver
3 EL rote Currypaste
160 ml scharfer Salsa-Dip
1 EL Dijon-Senf
4 EL Sojasauce
2 EL Agavendicksaft
500 g Kokosmilch
1,2 l Gemüsebrühe (Instant oder Glas)
100 g schwarze Oliven
250 g Thunfisch, naturell (Dose oder Glas)
120 g Kidneybohnen (Dose; abgetropft)
200 ml Apfelsaft
150 g Pinienkerne
180 g getrocknete Feigen
6 Hot-Dog-Brötchen

Backzutaten

650 g Weizenmehl (Type 405)
3 Pck. Vanillezucker
300 g Hagelzucker
125 g weiße Kuvertüre
125 g Zartbitter-Kuvertüre
6 EL bunte Zuckerstreusel

Kühlregal, Molkereiprodukte und Eier

14 Eier (M)
42 g frische Hefe (1 Würfel)
350 g Butter
150 ml Milch
250 g Schafskäse (Feta)
100 g Cheddar-Käse

Fleisch und Wurstwaren

200 g Rinderhackfleisch
6 Rumpsteaks (1 cm dick, à 140 g)
6 Hot-Dog-Würstchen

TK-Produkte

1,2 kg TK-Pommes nach Wahl

Küchenutensilien

6 Pappbecher à 250 ml

 Gut geplant

Für optimales Timing: Alle Zutaten für die Rezepte am besten zwei Tage vor dem Kochevent einkaufen!

FANCY VEGGIE DREAM

Die Sonne geht auf!
Leuchtende Farben, knackiges Gemüse, yummy Röstaromen und zum Schluss noch Schokoladiges – das mega-unkomplizierte Menü macht wirklich alle sehr, sehr happy!

Aromenwunder: Das Gewürzbrot können deine Freunde backen und zum Essen mitbringen. Kleiner Tipp: vorm Servieren kurz im Ofen erwärmen – Wahnsinnsduft!

Allrounder: Die Zucchinisuppe schmeckt nicht nur im Sommer, sondern das ganze Jahr. Am besten kochst du sie schon am Vortag. Das Finish selbst ist in fixen 10 Minuten über die Bühne.

Karotten aus dem Ofen: Super einfach! Ein paar Handgriffe dafür erledigst du schon am Vortag – kurz vorm Servieren geht dann alles wie von selbst.

Dieser Tisch hat alles, was Gerne-Esser glücklich macht: sommerbunte Fröhlichmacher-Gerichte, herzhaften Knusperspaß mit frischem Brot – mmhhh!

Keine lange Wartezeit: Am Vorabend gebacken, kriegen die Cakes noch rasch ein schnelles Finish – schon können sie verputzt werden. Naschen jederzeit erlaubt!

Echt spitze: Brutzelnd heiß, mit schmelzender Füllung und tollen Röstaromen – so ein One-Pot-Gericht aus dem Ofen ist das unkomplizierteste Essen der Welt. Und eines der Leckersten!

Wer will noch mal, wer hat noch nicht? Von den Karamellnüssen für die Suppe ist etwas übrig? Einfach ab in ein Schälchen und auf den Tisch – Knabberspaß für zwischendurch!

FANCY VEGGIE DREAM –
TRAUMHAFT GENIESSEN OHNE FLEISCH

Satt und zufrieden am Tisch sitzen, nach einem herrlichen Essen mit viel Farbe und Knusper –
das erlebe ich jedes Mal, wenn ich dieses Menü für meine Freunde und für meine Familie koche.
Es schmeckt super, macht alle happy und ist so unkompliziert wie der Sommer.

Dieses Menü überzeugt auch Fleischesser. Ich bin selber einer! Bei diesen Gerichten aber läuft mir regelmäßig das Wasser im Mund zusammen. Sie sind einfach der Knaller: farbenfroh, leuchtend. Und erst der Duft! Da steckt das ganze, umwerfende Aroma des Sommers drin. Auch Freunde herzhafter Genüsse haben damit garantiert ihren Spaß. Ich habe die Gerichte so konzipiert, dass sie ordentlich Biss und Knusper haben. Bei kross gebratener, brutzelnd heißer Spitzpaprika aus dem Ofen sagt garantiert niemand nein!

Allein oder als Gruppe – ganz nach Lust und Laune

Wenn du zu den Gastgebern gehörst, die gern alles herrichten, ohne dass ihnen jemand über die Schultern guckt, kannst du jeden Teil des Menüs in Ruhe alleine vorbereiten. Folge einfach den Arbeitsschritten, die in den Rezepten unter »Kochen« beschrieben sind. Fast alles davon kannst du schon am Vortag machen, wie etwa die Karotten, die Suppe, die gefüllten Paprika, das Brot und die Cupcakes. Wenn deine Gäste da sind, teilt ihr euch die Arbeit untereinander auf – und jeder übernimmt das Finish für eines der Rezepte. Oder aber ihr werkelt an allem gemeinsam – mit meiner Timeline kein Problem!

Gut geplant

Die Timeline zeigt genau an, wie du
Schritt für Schritt vorgehst, damit am Fest
alles zur gleichen Zeit auf dem Tisch steht.
Sie gibt auch vor, was schon am Tag
vorher zubereitet werden kann – entweder
von dir selbst oder von deinen Gästen.
Ganz wie ihr mögt!

Gemeinsam kochen – locker in der Zeit bleiben

Alle kommen zu dir, um alles gemeinsam zu kochen. Du hast die Zutaten dafür am Vortag griffbereit vorbereitet und gelagert. Jeder übernimmt ein Rezept – und los geht's! Auch hier folgt ihr Schritt für Schritt der Timeline, dann geht nichts schief, und alles steht in etwa zur gleichen Zeit auf dem gedeckten Tisch.

Beginnt am besten mit dem Gewürz-Vollkornbrot, dann ist der Ofen später für die marinierten Karotten und die Spitzpaprika frei. Zwischenzeitlich bereitet ihr den Teig für die Cupcakes und das Topping vor.

Während der Ofen seinen Job macht, könnt ihr den Tisch decken, Getränke einschenken, die Nüsse für die Suppe karamellisieren und den Hirtenkäse für die Karotten zerbröseln. Und einfach Spaß haben – traumhaft!

94

Diese Gerichte können deine Freunde vorbereiten und mitbringen

Einfach die Rezepte mit der Zutatenliste scannen und verschicken!

- Die marinierten Karotten und alle restlichen Zutaten für dieses Gericht
- Das fertig gebackene Gewürz-Vollkornbrot (ihr könnt es bei dir in der Küche nochmal im Ofen aufbacken – das bringt die Gewürznote toll zur Geltung)
- Die fertig gebackenen Schoko-Cupcakes plus die Zutaten fürs Topping

Ihr wollt alles zusammen kochen?

Dann kannst du das zu Hause schon mal vorbereiten:

Zwei Tage vorher:

- Rezepte scannen, an deine Freunde schicken – die Vorfreude steigert den Appetit!
- Einkaufsliste scannen und alles einkaufen

Einen Tag vorher:

- Für jedes Rezept die Zutaten wie beschrieben vorbereiten
- Alle Zutaten passend zu den Rezepten sortieren und so lagern, dass ihr am nächsten Tag beim Kochen für jedes Gericht alles griffbereit habt
- Karotten marinieren und über Nacht in den Kühlschrank stellen
- Zucchinisuppe kochen, pürieren und über Nacht kühlen
- Das Gewürzbrot backen und über Nacht bei Zimmertemperatur auskühlen lassen
- Die Spitzpaprika für die Auflaufform fertig machen und in den Kühlschrank stellen
- Die Schoko-Cupcakes backen und auskühlen lassen (ohne Topping)
- Alles zum Tischdecken bereitstellen (s. S. 106)
- Getränke kühlen, Eiswürfel vorbereiten

Wenn alle da sind:

- Festlegen: Wer macht was? (Jeder übernimmt ein Gericht)
- Wer kein Rezept kocht, deckt den Tisch und sorgt schon mal dafür, dass jeder was im Glas hat
- Topping auf die Cupcakes spritzen und die Cakes sommerbunt mit fertigen Streuseln stylen

BROT:
SELBST GEBACKENES GEWÜRZBROT

Brot selber machen: keine große Sache! Bei diesem Rezept läuft euch schon beim Backen das Wasser im Mund zusammen – die Gewürznote ist der Knaller!

130 g Weizenvollkornmehl
130 g Weizenmehl (Type 405)
1 TL Backpulver
½ TL Meersalz
4 EL Sonnenblumenkerne
1 Ei (M)
220 g Buttermilch
1 EL Sonnenblumenöl
2 TL Honig
1 TL Café-de-Paris-Gewürzmischung

Außerdem
1 runde ofenfeste Form
Mehl zum Arbeiten
2 EL Sonnenblumenkerne

 **Good** to know

Café de Paris ist eine Gewürzmischung der klassischen französischen Küche. Ursprünglich wurde eine schaumig aufgeschlagene Butter damit gewürzt – und die Mischung dann in eine warme Sahnesauce gerührt, als Beilage zu Entrecôte. Immer in der Mischung enthalten: Basilikum, Petersilie, Muskat, Zimt – der Rest ist Improvisation. Moderne Café-de-Paris-Kompositionen enthalten zum Beispiel fast immer Kurkuma – das sorgt für tolle Farbe!

DIE KOCHTIMELINE FÜR 6 FREUNDE

Kochen – am Vortag (20 Min. + 25 Min. Backen)
• Den Backofen auf 180° vorheizen. Die Form mit Backpapier auslegen. Mehle, Backpulver, Salz und Sonnenblumenkerne in eine Rührschüssel geben und gut vermischen. Das Ei, die Buttermilch, das Sonnenblumenöl und den Honig in einen Rührbecher geben, mit einer Gabel verquirlen und zusammen mit der Café-de-Paris-Gewürzmischung zur Mehlmischung geben. Zutaten in der Schüssel mit den Händen zu einem glatten Teig verarbeiten.

• Aus dem Teig auf leicht bemehlter Arbeitsfläche einen Laib formen und auf das Backpapier in der Form geben. Den Teigling kreuzweise einschneiden und noch ein paar Sonnenblumenkerne daraufstreuen. Das Brot im heißen Ofen (Mitte) ca. 25 Min. backen. Das fertige Brot aus dem Ofen und der Form nehmen und auf einem Kuchengitter auskühlen lassen. Brot in ein Küchentuch schlagen und in der Küche bis zum Servieren aufbewahren.

Servieren – ab auf den Tisch
• Das Brot nach Belieben kurz im Ofen aufbacken, dann auf ein Holzbrett legen und mit einem Sägemesser die ersten Scheiben abschneiden.

AUS DEM OFEN I:
PAPRIKA MIT KARTOFFEL-OLIVEN-FÜLLUNG

Ich habe noch niemanden getroffen, dem dieses Gericht nicht schmecken würde. Gerade
Fleischfans sind von der herzhaften Note, brutzelnd heiß aus dem Ofen, total angetan!

500 g festkochende Kartoffeln
2 EL Olivenöl
100 g schwarze Oliven (entsteint)
3 Tomaten
4 EL Crème fraîche
4 EL Semmelbrösel
Salz
Pfeffer
6 große rote Spitzpaprika
600 ml fertige Tomatensauce (s. Tipp)
½ Bund Petersilie
3 EL gehackte Pistazienkerne

Außerdem
1 Auflaufform (ca. 30 × 40 cm)

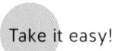

Tomatensauce selber machen – ist
natürlich 'ne tolle Sache, muss aber nicht
sein. Die Auswahl fertiger Saucen aus dem
Supermarkt ist riesig. Such dir einfach eine
nach deinem Geschmack aus, gerne auch
eine mit Kräutern oder Oliven drin.

DIE KOCHTIMELINE FÜR 6 FREUNDE

Kochen – am Vortag (35 Min.)
• Die Kartoffeln gründlich waschen, schälen und in ca. 1 cm große Stücke
schneiden. Das Olivenöl in einer beschichteten Pfanne erhitzen und die Kartoffeln darin bei mittlerer Hitze unter Wenden ca. 20 Min. anbraten. Dann die
Kartoffeln in eine Schüssel geben und abkühlen lassen. Die Oliven hacken und
dazugeben. Die Tomaten waschen, halbieren, von den Stielansätzen und den
Kernen befreien und in ½ cm große Würfel schneiden. Tomatenwürfel, Crème
fraîche und Semmelbrösel unter die Kartoffel-Oliven-Mischung heben. Diese
zum Schluss mit Salz und Pfeffer abschmecken.
• Die Paprika längs halbieren, vom Kerngehäuse befreien und waschen.
Kartoffelfüllung gleichmäßig auf die Paprikahälften verteilen. Tomatensauce
in die Form geben und die gefüllten Paprikahälften daraufsetzen. Die Auflaufform zugedeckt über Nacht in den Kühlschrank stellen.

Finish – kurz vor dem Servieren (5 Min. + 20 Min. Backen)
• Den Backofen auf 180° vorheizen. Die gefüllten Paprika im heißen Ofen
(Mitte) ca. 20 Min. garen. Sollten die Paprika sehr braun werden, die Form bis
zum Ende der Garzeit mit Alufolie abdecken. Inzwischen Petersilie waschen,
trocken schütteln und die Blättchen von den Stielen zupfen.

Servieren – ab auf den Tisch
• Die Paprika in der Form auf den Tisch stellen – hitzebeständigen Untersetzer nicht vergessen! – und mit Pistazien und Petersilienblättchen bestreuen.

SUPPE:
ZUCCHINISUPPE MIT KARAMELLNÜSSEN

Zucchini sind die perfekte Bühne für starke Aromen: Zitrone, Minze und crunchige Nüsse haben
in der smoothen Suppe ihren ganz großen Auftritt!

3 Zwiebeln
3 Knoblauchzehen
4 Zucchini
4 EL Olivenöl
1,2 l Gemüsebrühe
250 g Sahne
Salz
Pfeffer
2 EL Zucker
300 g gemischte Nusskerne
1 Zitrone
8 Minzeblättchen
160 g saure Sahne

Good to know

Bei Gemüsebrühe musst du dich nicht
stressen – in Supermärkten gibt es
mittlerweile eine große Auswahl gekörnter
oder sogar fertiger Brühe, auch in Bio-
Qualität. Achte auf die Zutatenliste: je
mehr Gemüsebestandteile und je weniger
Aromen, desto besser!

Take it easy!

Zucchini gibt's das ganze Jahr über im
Supermarkt. Du kannst die Suppe also
jederzeit zubereiten – zum Beispiel auch
im Winter, wenn gerade keine anderen
Gemüsesorten Saison haben und du was
Frisches auf den Tisch zaubern willst!

DIE KOCHTIMELINE FÜR 6 FREUNDE

Kochen – am Vortag (30 Min.)

• Zwiebeln und Knoblauch schälen und würfeln. Die Zucchini waschen,
putzen und in ca. 2 cm große Würfel schneiden. Das Olivenöl in einem großen
Topf erhitzen, Zwiebeln und Knoblauch darin glasig andünsten. Die Zucchini
dazugeben und 5 Min. mitdünsten. Dann Gemüsebrühe und Sahne angießen,
zum Kochen bringen und die Suppe bei kleiner Hitze zugedeckt ca. 10 Min.
köcheln lassen. Die Suppe mit einem Pürierstab pürieren und mit Salz und
Pfeffer abschmecken. Die fertige Zucchinicremesuppe auskühlen lassen und
zugedeckt über Nacht in den Kühlschrank stellen.

Finish – kurz vor dem Servieren (10 Min.)

• Eine Pfanne erhitzen und den Zucker darin karamellisieren. Die Nüsse dazugeben und so lange im Karamell wenden, bis sie davon ummantelt sind. Die
Zitrone auspressen. Die Suppe noch einmal aufkochen und mit Salz, Pfeffer
und etwas Zitronensaft abschmecken. Die Minze waschen und trocken tupfen.

Servieren – ab auf den Tisch

• Die Suppe im Topf mit den Nüssen und Minzeblättern garniert servieren.
Saure Sahne in eine Schüssel geben und mit auf den Tisch stellen, fertig.

DESSERT:
SCHOKOLADEN-CUPCAKES

Schoko-Choc hoch zwei: Kakao im Teig, dunkle Schoko im Topping – nach diesem Dessert
schwebt jeder im siebten Himmel!

Für den Teig

140 g weiche Butter
160 g Zucker
2 Pck. Vanillezucker
2 zimmerwarme Eier (M)
3 EL Kakaopulver
160 g Mehl
1 TL Backpulver
½ TL Natron
1 Prise Salz
100 g saure Sahne

Für das Topping

120 g Zartbitter-Kuvertüre
200 g zimmerwarme Butter
200 g Puderzucker
200 g weiße Schokolade

Außerdem

1 Muffinblech mit 12 Mulden
12 Papierförmchen
Spritzbeutel

 **Take it easy!**

Beim Finish für das Topping kannst du
dich mit deinen Freunden ganz nach Lust
und Laune austoben: Die Auswahl an
Streuseln, Nibs & Co. im Supermarkt ist
beachtlich! Nehmt euch einfach, was ihr
mögt und lasst eurer Fantasie freien Lauf.

DIE KOCHTIMELINE FÜR 6 FREUNDE

Kochen – am Vortag (10 Min. + 20 Min. Backen)

• Den Backofen auf 160° (Umluft) vorheizen. Die Papierförmchen in die
Mulden der Muffinform setzen. Für den Teig Butter, Zucker und Vanillezucker
in eine Rührschüssel geben und mit den Quirlen des Handrührgeräts cremig
aufschlagen, dann die Eier nacheinander unterrühren. Das Kakaopulver mit
3 EL heißem Wasser glatt rühren und unter die Butter-Ei-Masse rühren. Mehl,
Backpulver, Natron und Salz mischen und abwechselnd mit der sauren Sahne
unter die Butter-Ei-Masse rühren. Den Teig gleichmäßig auf die Förmchen in
den Blechmulden verteilen und im heißen Backofen (Mitte) 20 Min. backen.
Die Cupcakes aus dem Ofen holen, 5 Min. in der Form ruhen lassen, herausheben, auf einem Kuchengitter auskühlen lassen und dann über Nacht in der
Küche in einer abgedeckten Box aufbewahren.

Finish – kurz vor dem Servieren (10 Min.)

• Für das Topping die Kuvertüre hacken, über einem heißen Wasserbad
schmelzen und wieder auf Raumtemperatur abkühlen lassen. Die Butter in
eine Rührschüssel geben und mit den Quirlen des Handrührgeräts cremig
rühren. Flüssige Kuvertüre und Puderzucker dazugeben und die Creme luftig
aufschlagen. Das Topping in einen Spritzbeutel mit großer Lochtülle füllen
und je ein spiralförmiges Häubchen auf die Cupcakes setzen. Weiße Schokolade mit einer Küchenraspel grob raspeln und auf die Cupcakes streuen.

Servieren – ab auf den Tisch

• Die Cupcakes auf einer Platte anrichten und auf den Tisch stellen.

AUS DEM OFEN II:
GESCHMORTE MÖHREN MIT GRANATAPFEL

Knalliges Orange, strahlendes Rot, getoppt von cremigem Weiß: Dieser knackige Snack aus dem Ofen ist ein Fest für Augen und Gaumen!

1,2 kg junge Möhren mit Grün
3 Zweige Thymian
3 Zweige Rosmarin
5 TL Olivenöl
Salz
Pfeffer
2 Granatäpfel
600 g Hirtenkäse (am Stück; ersatzweise Feta)

Good to know

Have a close look: Beim Einkauf von Granatäpfeln lohnt es sich, genau hinzuschauen. Die Schale muss fest, glänzend und leuchtend rot sein. Wenn du leicht gelbliche oder sogar bräunliche Flecken darauf siehst, und diese beim Berühren nachgeben, ist Vorsicht geboten. Das deutet darauf hin, dass der Granatapfel überreif und innen möglicherweise schon faul ist.

DIE KOCHTIMELINE FÜR 6 FREUNDE

Kochen – am Vortag (10 Min.)

• Von den Möhren das Grün bis auf 4 cm abschneiden. Möhren schälen und in eine große Schüssel geben. Die Kräuter waschen, trocken schütteln und die Blättchen bzw. Nadeln von den Stielen zupfen. Blättchen und Nadeln zu den Möhren geben. Olivenöl, Salz und Pfeffer dazugeben und gut mit den Möhren mischen. Möhren zugedeckt über Nacht kalt stellen.

• In eine Schüssel ca. 10 cm hoch kaltes Wasser füllen. Die Granatäpfel halbieren und unter Wasser die Kerne herauslösen. Das weiße Fruchtfleisch mit einem Sieb aus dem Wasser entfernen, die Granatapfelkerne in eine Schüssel geben und zugedeckt bis zum nächsten Tag beiseitestellen.

Finish – kurz vor dem Servieren (5 Min. + 30 Min. Backen)

• Den Backofen auf 180° vorheizen. Die Möhren auf einem mit Backpapier belegten Backblech verteilen und im heißen Ofen (Mitte) in ca. 30 Min. weich schmoren. Dann die Möhren aus dem Ofen holen und etwas abkühlen lassen. Den Hirtenkäse in eine Schüssel geben und mit den Händen zerbröseln.

Servieren – ab auf den Tisch

• Die noch warmen Möhren auf eine Platte geben, den Hirtenkäse sowie die Granatapfelkerne darüberstreuen und ab auf den Tisch damit.

LET THE SUNSHINE IN!
DEKO & DRINKS, SO BUNT WIE DER SOMMER

Für die Tischdeko findest du in der Backabteilung des Supermarkts jede Menge Inspiration –
mit Muffinförmchen, Strohhalmen & Co. zauberst du im Nu Holiday-Stimmung!

BUNT GEMISCHT!

*Der Veggie-Tisch kommt fröhlich daher. Mixe verschiedene
Geschirr-Designs wild durcheinander – je bunter, je besser!*

So deckst du für 6 Leute:
je 6 Messer, Gabeln, Suppenlöffel
je 6 Kuchengabeln
6 große, flache Teller
6 Suppenteller
6 Espressotassen und -löffel
je 6 Wasser- und Saftgläser
Strohhalme
je 6 Prosecco- und Weißweingläser
6 Schnapsgläser
Meersalz und Pfeffer aus der Mühle
2 große Servierplatten
2 hitzebeständige Untersetzer
1 Holzbrett für das Brot
1 Brotmesser
6 Stoff- oder Papierservietten

BUNT GEMIXT!

*Prickelnd und sonnig – zum Veggie-Menü passt etwas
Fruchtiges im Glas!*

Die Getränkeliste für 6 Leute:
1 Flasche Prosecco
1 Flasche Cassis (Johannisbeerlikör)
10–12 Flaschen Wasser (mit und ohne Kohlensäure)
*Auswahl verschiedener Fruchtsäfte (z. B. Apfel,
    Johannisbeere, Kirsche), gerne aus der Region*
*3–4 Flaschen Weißwein (z. B. Sauvignon blanc, Silvaner
    oder Weißburgunder)*
*Obstbrand (z. B. Marille oder Himbeere) oder Kräuter-
    schnaps (z. B. Genepi) als Digestif*
Espresso

Tipps zu den Drinks

Etwas Cassis ins Sektglas, mit Prosecco
auffüllen – fertig ist der Kir Royal!
Eiswürfel für Saftschorle nicht vergessen.

EINKAUFSLISTE

Dieses Menü ist ein Fest der Farben – beim Einkaufen auf dem Wochenmarkt kannst du darin richtig schwelgen! Du findest aber auch alles im Supermarkt.

Obst- und Gemüseabteilung (oder Markt)
1,2 kg junge Möhren mit Grün
500 g festkochende Kartoffeln
3 Zwiebeln
3 Knoblauchzehen
3 Tomaten
6 große rote Spitzpaprika
4 Zucchini
2 Granatäpfel
1 Zitrone
½ Bund Petersilie
3 Zweige Thymian (oder im Topf)
3 Zweige Rosmarin (oder im Topf)
18 Blätter Minze

Feinkost, Gewürze & Co.
6 EL + 5 TL Olivenöl
1 EL Sonnenblumenöl
Schwarzer Pfeffer aus der Mühle
Feines Meersalz
4 EL Semmelbrösel
1 TL Café-de-Paris-Gewürzmischung
600 ml Tomatensauce nach Wahl
1,2 l Gemüsebrühe (Instant oder Glas)
100 g schwarze Oliven
3 EL gehackte Pistazienkerne
4 EL Sonnenblumenkerne
300 g gemischte Nusskerne
2 TL Honig

Backzutaten
290 g Weizenmehl (Type 405)
130 g Weizenvollkornmehl
160 g + 2 EL Zucker
200 g Puderzucker
2 Pck. Vanillezucker
2 TL Backpulver
½ TL Natron
3 EL Kakaopulver
120 g Zartbitter-Kuvertüre
200 g weiße Schokolade

Kühlregal, Molkereiprodukte und Eier
3 Eier (M)
340 g Butter
260 g saure Sahne
4 EL Crème fraîche
250 g Sahne
220 g Buttermilch
600 g Hirtenkäse (oder Feta)

Küchenutensilien
1 Muffinblech mit 12 Mulden
12 Papier-Muffinförmchen
1 Spritzbeutel mit Tülle
1 runde ofenfeste Form
1 Auflaufform (30 × 40 cm)

 Gut geplant

Für optimales Timing: Alles am besten zwei Tage vor dem Kochevent einkaufen. Bei frischem Gemüse immer darauf achten, es kühl zu lagern (außer Tomaten). Bei manchen Zutaten ist die handelsübliche Packung größer als die Menge, die du brauchst. Der Rest ist Vorrat!

ASIA SWEET AND SOUR

Einmal Fernost, bitte!
Asian Nights schenken Löffel-
glück und Stäbchenspaß aus
Schüssel, Bowl und Wok.
Schön fruchtig, ein bisschen
scharf und super lecker!

Gebratener Reis: Erst kochen, dann braten – der Reis
wird schon am Vortag gegart.
Und erst kurz vorm Genießen
in der Pfanne gefinisht.

Dreamteam in Grün: Ein
paar Limettenspalten, ein
bisschen Koriandergrün –
schon wirkt euer Tisch noch
einen Tick frischer!

Suppenglück: Einfach die heiße
Suppe in den Schalen auf den Tisch
stellen: sie schmeckt nämlich auch
leicht abgekühlt fein.

Leicht, frisch und exotisch: knackiges Gemüse, gesundes Obst, Nüsse, Meeresfrüchte und helles, fettarmes Fleisch, schnell und easy zubereitet.

Wokgemüse: Der Wok lädt zum Stippen und Löffeln ein. Die Currysauce rührst du schon am Abend zuvor. Und lässt sie dann im Kühlschrank eine Nacht durchmachen!

Die müssen sein: Gebackene Bananen schmecken immer und jedem! Sie brauchen nicht mal eine Viertelstunde. Schon mal mit der Suppe probiert? Tolle Kombi!

Bowl me up! Du kannst das Dressing schon am Vortag mixen. Und die Bohnen über Nacht auftauen. Der Salat selbst ist dann ratzfatz fertig!

113

ASIA SWEET AND SOUR
HEALTH FOOD MIT FUN-FAKTOR

Gesund genießen mit ganz viel Spaß – mit Asia-Gerichten klappt das hundertpro! Bunte Früchte, jede Menge Gemüse und viele Gewürze, die ordentlich einheizen – das sorgt für Power und ein locker-leichtes Lebensgefühl. Noch dazu, wenn alles im Handumdrehen fertig ist!

Curry und Chilischoten, Kokosraspel und Limetten – allein schon, wenn man die Wörter ausspricht, poppen vor dem geistigen Auge Bilder voller Farbe und Duft auf. Asiens Küche ist unschlagbar darin, Gewürze, Früchte und Gemüse so miteinander zu kombinieren, dass sich exotische Fruchtsäure, angenehme Schärfe und Knackigkeit die Waage halten – eine tolle Balance, die für ein super Mundgefühl, viel Genuss und jede Menge Ess-Spaß sorgt.

Just in time – auch wenn du alleine kochst!

Du hast die Wahl: Wenn du Lust hast, kannst du alle Rezepte komplett in Alleinregie kochen. Oder du bereitest alles so weit vor, dass du mit deinen Freunden zusammen Spaß haben und das Finish für jedes Rezept gemeinsam bei dir in der Küche fertigstellen kannst. It's up to you!

Falls du alles selber machen möchtest, fängst du wie in den Rezepten angegeben am besten am Tag vorher an. Die Gerichte sind alle so unkompliziert, dass ein relaxter Feierabend für die Vorbereitungen genügt. Wenn du zwei Tage vorher alles einkaufst, reicht am Vorabend eine gute Stunde vollkommen aus, um alles herzurichten: Reis kochen, TK-Bohnen auftauen, Dressing mixen, Suppenfond und Currysauce kochen – ratzfatz ist alles fertig!

Gut geplant

Jedes Rezept ist so aufgebaut, dass du nur Schritt für Schritt der Timeline zu folgen brauchst, damit alles zur gleichen Zeit auf dem Tisch steht. Die Timeline zeigt auch, was ihr schon am Tag vorher herrichten und vorbereiten könnt. Am Dinner-Abend selbst macht ihr dann nur noch das Finish!

Zusammen kochen mit den Gästen? No problem!

Kommunikativer – und lustiger! – ist es natürlich, wenn ihr alle zusammen kocht. Dann übernimmt jeder ein Rezept, ihr legt zur gleichen Zeit los – und habt alles im selben Moment auf dem Tisch. Die Timeline ist für jedes Gericht so organisiert, dass ihr in etwa zur gleichen Zeit alles genussfertig habt – selbst wenn ihr komplett bei null startet. Nur das Auftauen der Bohnen und das Reiskochen solltest du schon über Nacht, respektive am Vorabend erledigt haben – ihr spart euch damit einfach Zeit, und der Reis brät auch knuspriger, wenn er zuvor richtig auskühlen konnte. Der Suppenfond und die Currysauce belohnen euch zudem mit extra viel Geschmack, wenn sie eine Nacht kühl stehen und durchziehen können. Dann entfalten die Gewürze ihr Aroma noch einen Tick besser. Kleiner Tipp am Rande!

Diese Gerichte können deine Freunde vorbereiten und mitbringen

Einfach die Rezepte mit der Zutatenliste scannen und verschicken!

- Den gekochten Reis und alle restlichen Zutaten für das Reisgericht
- Alle Zutaten für die Asiabowl mitsamt fertig gemixtem Dressing
- Hähnchenfleisch und alle sonstigen Zutaten für das Wokgemüse. Die Sauce kannst du entweder selbst vorbereiten oder deine Freunde bringen sie vorgekocht mit

Ihr wollt alles zusammen kochen?

Dann kannst du das zu Hause schon mal vorbereiten:

Zwei Tage vorher:

- Rezepte scannen, an deine Freunde schicken – die Vorfreude steigert den Appetit!
- Einkaufsliste scannen und alles einkaufen

Einen Tag vorher:

- Für jedes Rezept die Zutaten wie beschrieben vorbereiten
- Alle Zutaten passend zu den Rezepten sortieren und so lagern, dass ihr am nächsten Tag beim Kochen für jedes Gericht alles griffbereit habt
- Reis kochen und über Nacht in den Kühlschrank stellen
- TK-Bohnen für die Asiabowl im Kühlschrank über Nacht auftauen lassen
- Dressing für die Bowl vorbereiten und in einem gut verschließbaren Glas kühl halten
- Kokos-Hühnersuppen-Fond kochen, würzen, abkühlen und in den Kühlschrank stellen
- Curry-Limetten-Sauce fürs Wokgemüse kochen und über Nacht kühlen
- Alles zum Tischdecken bereitstellen (s. S. 126)
- Getränke kühlen und Eiswürfel bereithalten

Wenn alle da sind:

- Festlegen: Wer macht was? (Jeder übernimmt ein Gericht)
- Wer kein Rezept kocht, deckt den Tisch und kümmert sich um die Getränke
- Wenn sich einer von euch mit Cocktails auskennt, mixt er für alle einen Singapore Sling!

SALAT:
ASIABOWL MIT PAPAYASALAT UND NÜSSEN

Obstsalat mal anders: Das Fruchtfleisch der Papaya hält die perfekte Balance aus leichter Säure und Süße – ideal für die Kombi mit Gemüse, Röstaromen und würzigen Kräutern.

Für das Dressing

2 Bio-Zitronen
4 EL braunes Reisöl (ersatzweise Sonnenblumenöl)
4 EL helle Sojasauce
2 EL Fischsauce
3 EL Honig
2 EL Weißweinessig
1 EL heller Sesam

Für den Salat

200 g grüne TK-Bohnen
2 große Papayas
4 Möhren
175 g Sojabohnenkeimlinge (aus dem Glas)
½ Bund Minze
150 g geröstete Erdnusskerne

 **Good** to know

Achte darauf, dass die Papayas wirklich essreif sind! Sie fühlen sich dann nicht bretthart an, sondern geben bei Fingerdruck leicht nach. Wenn du unsicher bist: Schau einfach nach fertig portionierten, halbierten Papayas – da siehst du sofort, dass das Fruchtfleisch schön reif, dunkelorange und makellos ist.

DIE KOCHTIMELINE FÜR 6 FREUNDE

Kochen – am Vortag (10 Min.)

• Für das Dressing die Zitronen auspressen. Den Zitronensaft zusammen mit allen übrigen Zutaten für das Dressing in ein Schälchen geben und mit einer Gabel gut verrühren. Das Dressing zugedeckt über Nacht kalt stellen.

• Ein Sieb in eine Schüssel hängen, die gefrorenen Bohnen für den Salat ins Sieb geben und über Nacht im Kühlschrank auftauen lassen.

Finish – kurz vor dem Servieren (20 Min.)

• Die Bohnen nach Packungsangabe garen. Die Papayas längs halbieren und die Kerne mit einem Löffel herauskratzen. Das Fruchtfleisch schälen, in lange Streifen schneiden und diese in eine Schüssel geben. Die Möhren putzen, schälen, in dünne Streifen schneiden und zu den Papayas geben. Die Bohnen bei Bedarf in Stücke schneiden und auch in die Schüssel geben. Sojabohnenkeimlinge in ein Sieb abgießen, abtropfen lassen und zum Salat in die Schüssel geben. Das Dressing dazugeben und gut untermischen.

• Die Minze waschen, trocken schütteln und die Blättchen abzupfen. Dann noch die Erdnusskerne fürs Topping grob hacken.

Servieren – ab auf den Tisch

• Den fertigen Salat auf sechs Bowls verteilen, mit den Nüssen und den Minzeblättern garnieren und auf den Tisch stellen.

SUPPE:
KOKOSSUPPE MIT GARNELEN UND SHIITAKE

Asiatisches Soulfood: Mitten auf dem Tisch ein Topf voll heißer, dampfender Brühe, die wunderbar duftet. Jeder nimmt sich davon, so viel er mag. Löffelweise Suppenglück!

Für den Fond
800 ml Hühnerbrühe
800 g Kokosmilch
4 EL gelbe Currypaste
1 Stück frischer Ingwer (ca. 1 cm lang)
4 Stangen Zitronengras
7 Kaffir-Limettenblätter
2 Limetten
3 EL Fischsauce
3 EL Rohrzucker

Für die Einlage
170 g Shiitake (s. Tipp)
6 Frühlingszwiebeln
½ Bund Koriandergrün
600 g küchenfertige Garnelen
2 EL Sonnenblumenöl

Take it easy!

Auch hier gilt: Alles nicht so eng sehen! Falls du keine Shiitakepilze bekommst, kannst du auch andere frische Pilze nehmen. Oder du schaust dich im Asia-Regal nach getrockneten Shiitake um. Die weichst du einfach über Nacht in Wasser ein, drückst sie aus, tupfst sie trocken und verteilst sie mit Zwiebeln und Koriander auf die Suppenschalen.

DIE KOCHTIMELINE FÜR 6 FREUNDE

Kochen – am Vortag (10 Min. + 20 Min. Garen)
• Für den Fond Hühnerbrühe, Kokosmilch und Currypaste in einen Topf geben und zum Kochen bringen. Inzwischen den Ingwer schälen und in Scheiben schneiden. Zitronengras waschen, längs halbieren und auf einem Holzbrett mit dem Messerrücken breit klopfen. Ingwer, Zitronengras und Limettenblätter in die Brühe geben und diese offen ca. 20 Min. bei kleiner bis mittlerer Hitze leicht köcheln lassen. Inzwischen die Limetten auspressen. Den Fond mit Fischsauce, Zucker und Limettensaft abschmecken. Zitronengras, Limettenblätter und Ingwer aus dem Fond fischen, diesen auskühlen lassen und zugedeckt über Nacht im Kühlschrank lagern.

Finish – kurz vor dem Servieren (10 Min. + 15 Min. Kochen)
• Den Fond aufkochen und ca. 15 Min. offen köcheln lassen. Für die Einlage die Shiitake von den Stielen befreien und die Kappen in Stücke schneiden. Frühlingszwiebeln putzen, waschen und in feine Ringe schneiden. Koriander waschen, trocken schütteln, die Blättchen abzupfen und diese fein schneiden.
• Die Garnelen in einem Sieb kalt abbrausen und abtropfen lassen. In der Zwischenzeit Pilze, Frühlingszwiebeln und Koriandergrün auf sechs Suppenschalen verteilen. Das Öl in einer großen Pfanne erhitzen, die Garnelen darin goldgelb braten und dann auf die Suppenschalen verteilen.

Servieren – ab auf den Tisch
• Den Fond im Topf auf den Esstisch stellen – Untersetzer nicht vergessen! Die Suppenschalen verteilen und ran an den Schöpflöffel.

AUS DEM WOK:
GEMÜSE-CURRY MIT HÄHNCHENSTREIFEN

Zum Reinlegen: Die Sauce ist der Hammer, echt! Limettensaft, Chili, Currypaste, Kokosmilch – da geht geschmacklich die Post ab. Authentisch asiatisch. Und super vorzubereiten!

Für die Currysauce

120 g rote Currypaste
500 ml Geflügelfond (aus dem Glas)
250 g Kokosmilch
1 frische rote Chilischote
2 Limetten
4 EL Mango-Orangen-Chutney
　(aus dem Glas)
1 EL Kartoffelstärke
1 TL Sojasauce
1 TL Sesamöl

Für den Wok

300 g Hähnchenbrustfilet
2 rote Paprika (ca. 350 g)
2 rote Zwiebeln
250 g Pilze (z. B. Shiitake, braune
　Champignons)
1 Stück frischer Ingwer (ca. 1 cm lang)
1 Mango
200 g Sojabohnenkeimlinge
　(aus dem Glas)
4 EL Sonnenblumenöl
1 Limette
1 TL Sesamöl
½ Bund Koriandergrün
1 TL heller Sesam

 **Take it easy!**

Du kannst die am Vortag zubereitete Currysauce entweder separat im Topf reichen oder, wenn dein Wok groß genug ist, zum Schluss kochend heiß über den Hähnchen-Gemüse-Mix gießen.

DIE KOCHTIMELINE FÜR 6 FREUNDE

Kochen – am Vortag (15 Min.)

• Für die Currysauce die Currypaste in einen großen Topf geben und etwas anschwitzen. Geflügelfond und Kokosmilch dazugießen und aufkochen. Inzwischen die Chili halbieren, von Kernen befreien, waschen und im Ganzen dazugeben. Die Limetten auspressen. Das Chutney und den Limettensaft zur Sauce geben. Die Sauce nochmals aufkochen. Stärke mit 1 EL kaltem Wasser glatt verrühren, in die Sauce geben und diese unter Rühren so lange köcheln lassen, bis sie leicht andickt. Sauce mit Sojasauce und Sesamöl abschmecken, auskühlen lassen und zugedeckt über Nacht in den Kühlschrank stellen.

Finish – kurz vor dem Servieren (25 Min.)

• Das Hähnchenbrustfilet kalt abspülen, mit Küchenpapier abtrocknen und in Streifen schneiden. Die Paprika halbieren, von Kernen und Trennwänden befreien, waschen und in Streifen schneiden. Die Zwiebeln schälen, halbieren und in dünne Spalten schneiden. Die Pilze trocken abreiben, die trockenen Schnittstellen an den Stielen abschneiden und Pilze in mundgerechte Stücke schneiden. Den Ingwer schälen und in feine Streifen schneiden. Die Mango schälen, das Fruchtfleisch vom Stein schneiden und in Streifen schneiden. Die Keimlinge in ein Sieb abgießen und abtropfen lassen.

• 2 EL Öl in einem Wok erhitzen und die Hähnchenstreifen darin von allen Seiten scharf anbraten. Das Fleisch herausheben. Dann das restliche Öl im Wok erhitzen und Paprika, Zwiebeln und Pilze darin scharf anbraten. Ingwer, Mango- und Hähnchenstreifen sowie die Sojabohnenkeimlinge dazugeben und unterheben. Limette auspressen und den Saft zusammen mit dem Sesamöl zur Hähnchenmischung geben. Chilischote aus der Currysauce entfernen und diese zum Kochen bringen. Den Koriander waschen, trocken schütteln und die Blättchen von den Stielen zupfen.

Servieren – ab auf den Tisch

• Die Hähnchenpfanne mit Korianderblättchen und Sesam bestreuen und zusammen mit der Currysauce auf den Esstisch stellen.

VEGETARISCH:
GEBRATENER REIS MIT ANANAS

Die Zwiebeln geben Biss, die Ananas fruchtige Süße und das Curry den exotischen
Kick – Augen zu, tief schnuppern und dann Mund auf: Wow, lecker!

Salz
400 g Basmati-Reis
2 rote Zwiebeln
2 Knoblauchzehen
4 Möhren
1 rote Paprika
1 Ananas
4 Frühlingszwiebeln
2 EL Sonnenblumenöl
2 EL Currypulver
3 EL Sojasauce
Pfeffer
2 Limetten
½ Bund Koriandergrün

 **Take it easy!**

Reis am Tag vorher garen und dann nur
noch kurz aufbraten – einfacher geht's
wirklich nicht! Das Gericht ist ein echter
Joker: Schmeckt jedem, passt zu allem,
beispielsweise auch als Beilage zum
Hähnchen-Gemüse-Curry, und ist dank
Frühlingszwiebeln und sonnengelber
Ananas ein richtiger Eyecatcher.

DIE KOCHTIMELINE FÜR 6 FREUNDE

Kochen – am Vortag (10 Min.)
• In einem Topf 1 l Salzwasser zum Kochen bringen, den Reis einstreuen
und diesen zugedeckt in 8 Min. garen. Den Reis in ein Sieb abgießen und zugedeckt im Kühlschrank über Nacht aufbewahren.

Finish – kurz vor dem Servieren (40 Min.)
• Die Zwiebeln und den Knoblauch schälen und fein hacken. Die Möhren
putzen und schälen. Die Paprika halbieren, von Kernen und Trennwänden befreien und waschen. Beides in dünne Stifte schneiden. Die Ananas schälen,
längs halbieren, vom Strunk befreien und in kleine Stücke schneiden. Die
Frühlingszwiebeln putzen, waschen und in Ringe schneiden.
• Das Öl in einer großen Pfanne erhitzen und die Zwiebeln darin glasig anbraten. Anschließend Knoblauch, Paprika- und Möhrenstifte dazugeben und
2 Min. mitbraten. Den gekochten Reis vom Vortag dazugeben und mit Currypulver und Sojasauce würzen. Reispfanne weitere 5 Min. bei mittlerer Hitze
garen und zum Schluss mit Salz und Pfeffer abschmecken.
• Die Limetten auspressen. Koriandergrün waschen, trocken schütteln und
die Blättchen von den Stielen zupfen.

Servieren – ab auf den Tisch
• Den gebratenen Reis auf einer großen Platte anrichten. Ananasstücke und
Frühlingszwiebeln darauf verteilen und mit dem Limettensaft beträufeln.
Dann noch die Korianderblättchen aufstreuen und ab auf den Tisch damit.

DESSERT:
GEBACKENE BANANEN MIT HONIG UND KOKOS

Asiaküche und Dessert? Wer denkt da nicht an gebackene Bananen! Klar, dass die auch hier nicht fehlen dürfen. Mega easy gemacht, cremig, knusprig, heiß und süß – einfach Bombe!

250 g Mehl
1 TL gemahlene Kurkuma
3 TL Backpulver
1 Prise Salz
4 EL Zucker
6 große Bananen
2 l Sonnenblumenöl
½ Bund frische Minze
6 TL Honig
6 TL Kokosraspel
6 TL Puderzucker

Good to know

Für diesen Nachtisch-Klassiker dürfen die Bananen ruhig schon reifer sein. Also gerne schon etwas weicher und mit ein paar dunkleren Flecken auf der Schale. Nach dem Ausbacken sind sie dann hammermäßig cremig – ein toller Kontrast zur frischen, kühlen Minze.

DIE KOCHTIMELINE FÜR 6 FREUNDE

Finish – kurz vor dem Servieren (15 Min.)

• Für den Teig Mehl, Kurkuma, Backpulver, Salz und den Zucker in eine große Rührschüssel geben und vermischen. 80 ml Wasser dazugeben und den Schüsselinhalt mit dem Schneebesen zu einem dickflüssigen Teig verrühren.

• Die Bananen schälen und in ca. 4 cm lange Stücke schneiden. Öl in einen großen Topf geben und auf 180° erhitzen. Ohne Thermometer hältst du einen Holzkochlöffelstiel ins Fett. Wenn daran kleine Bläschen aufsteigen, hat das Fett die richtige Temperatur. Die Bananenstücke nacheinander durch den Teig ziehen, in das heiße Öl geben und in 2–3 Min. goldbraun frittieren. Bananenstücke mit einem Schaumlöffel aus dem Öl heben, anschließend kurz auf Küchenpapier abtropfen lassen und warm stellen. Die Minze waschen, trocken schütteln und die Blättchen von den Stielen zupfen.

Servieren – ab auf den Tisch

• Die gebackenen Bananenstücke auf einer große Platte anrichten – wer mag, legt noch ein Stück Bananenblatt drunter. Bananen mit Honig beträufeln und mit den Kokosraspeln bestreuen. Puderzucker darübersieben und die Minzeblätter zum Schluss dekorativ darüberstreuen.

OHMMM! –
DINNER-PLANUNG IM ENTSPANNUNGSMODUS

Einkaufen, Getränke holen, Tisch decken – mit meinen Listen und Tipps fährst du den Stress komplett runter. Und planst dein Dinner buddhamäßig entspannt!

KEEP IT SIMPLE!

Reduce to the max – gutes Essen braucht keinen Deko-Firlefanz. Schüsseln, Gläser, Besteck, that's it! Alles Wesentliche spielt sich auf, nicht um den Teller ab.

So deckst du für 6 Leute:

je 6 Messer, Gabeln, Suppenlöffel
6 Paar Ess-Stäbchen
je 6 Kuchengabeln und Dessertlöffel
6 große, flache Teller
6 Suppenteller
6 Salad Bowls
6 Dessertteller
6 Teetassen
1 Teekanne, Zuckerdose
je 6 Wasser- und Saftgläser
6 Weißweingläser
6 Cocktailgläser
6 Schnapsgläser
Meersalz und Pfeffer aus der Mühle
2 große Servierplatten
3 hitzebeständige Untersetzer
6 Stoff- oder Papierservietten

KEEP IT COOL!

Shake it, Baby! – Fürs Asia Dinner darf's gern auch mal ein Cocktail sein.

Die Getränkeliste für 6 Leute:

Bio-Jasmintee zum Aufbrühen (loses Blatt oder Beutel)
8–12 Flaschen Wasser (mit und ohne Kohlensäure)
Auswahl exotischer Fruchtsäfte (z. B. Ananas, Banane, Mango, Litschi)
3–4 Flaschen Weißwein (z. B. Mosel-Riesling oder kalifornischer Chardonnay)
1 Flasche Sake (japanischer Reiswein) als Digestif

Tipp zu den Drinks

Frag Cocktail-Fans unter den Gästen, ob sie euch zum Aperitif einen Singapore Sling mixen. Dafür braucht ihr noch zusätzlich Eiswürfel, Gin, Zitronensaft, Kräuterlikör (z. B. Benedictine DOM), Brandy, Grenadine, Mineralwasser, Cocktailkirschen und Zitronenscheiben.

EINKAUFSLISTE

Wie ein Bummel auf dem asiatischen Street Market fühlt sich dieser Einkauf an. Nur wesentlich praktischer! Denn im gut sortierten Supermarkt findest du alles im Asia-Regal.

Obst- und Gemüseabteilung (oder Markt)

8 Möhren
4 rote Zwiebeln
10 Frühlingszwiebeln
2 Knoblauchzehen
1 frische rote Chilischote
3 rote Paprika
170 g Shiitake
250 g Pilze (z. B. Shiitake, braune Champignons)
6 reife Bananen
2 große Papayas
1 reife Mango
1 Ananas
2 Bio-Zitronen
7 Limetten
1 Stück frischer Ingwer (ca. 2 cm lang)
4 Stangen Zitronengras
1 ½ Bund Koriandergrün
1 Bund Minze (oder im Topf)

Feinkost, asiatische Zutaten, Gewürze & Co.

400 g Basmati-Reis
2 EL Weißweinessig
2 l + 8 EL Sonnenblumenöl
2 TL Sesamöl
4 EL braunes Reisöl
Schwarzer Pfeffer aus der Mühle
Feines Meersalz
7 EL + 1 TL Sojasauce
5 EL Fischsauce
1,05 kg Kokosmilch
800 ml Hühnerbrühe (Instant oder Glas)
500 ml Geflügelfond (Glas)
4 EL gelbe Currypaste
120 g rote Currypaste
2 EL Currypulver
1 TL gemahlene Kurkuma
1 EL + 1 l L heller Sesam
4 EL Mango-Orangen-Chutney
375 g Sojabohnenkeimlinge (Glas)
150 g geröstete Erdnusskerne
3 EL + 6 TL Honig

Backzutaten

250 g Mehl
1 EL Kartoffelstärke
4 EL Zucker
3 EL Rohrzucker
6 TL Puderzucker
3 TL Backpulver
6 TL Kokosraspel

Fleisch

300 g Hähnchenbrustfilet (ohne Haut und Sehnen)

TK-Produkte

600 g Garnelen (küchenfertig, ohne Schalen)
200 g grüne Bohnen
7 Kaffir-Limettenblätter

 Gut geplant

Für optimales Timing: Alles am besten zwei Tage vor dem Kochevent einkaufen. Nimm eine Kühltasche mit, so tauen die Garnelen beim Transport nicht auf.
Bei manchen Zutaten ist die handelsübliche Packung größer, als die Menge, die du brauchst. Freu dich – so hast du Vorrat!

ORIENTAL NIGHTS

1001-mal lecker: Wie von Zauberhand vorbereitet und dazu märchenhaft gut – mit diesen Gerichten kann der Abend lang werden!

Gegensätze ziehen sich an: Kühler Knoblauchjoghurt auf heißen Ofen-Auberginen – ein effektvoller Mix, zubereitet in Nullkommanix!

Lauwarm schmeckt der würzige Mandelkuchen im Glas am allerbesten. Er kommt direkt vom Ofen auf den Tisch – oder wird kurz vorm Servieren nochmal warm gemacht.

Eyecatcher: Optisch der Hammer und geschmacklich die Wucht: Zitrone, Granatapfelkerne und frische Feigen – macht unglaublich was her. Und ist soooo einfach zu machen!

Mega-Trend Oriental Food: Superfoods wie Kichererbsen, Sesam und Granatäpfel stehen für Fitness und gesunden Lifestyle, duftende Gewürze befeuern die Fantasie.

Kurkuma-Hummus: Im Handumdrehen gemixt und dann eine Nacht in den Kühlschrank damit – Hummus geht immer, und Hummus geht schnell!

Das hat Wumms: Miesmuscheln in einem Weißweinfond mit einem Hauch Kardamom – ist eine echte Überraschung und schmeckt unbedingt nach mehr!

ORIENTAL NIGHTS
MÄRCHENHAFT SCHLEMMEN

Simsalabim: Das gebratene Hähnchen duftet verführerisch. Abrakadabra: Die köstlichsten Mezze stehen auf dem Tisch. Sesam, öffne dich: Schon ist der Kuchen gebacken! – Traumhafte Zeiten brechen an, mit diesem Menü, das in weniger als 1001 Minute zum Genießen einlädt!

Gute Geschichten lieben alle. Gutes Essen auch! Bei diesem Menü kommt beides zusammen: Das Flair aus Tausendund-einer Nacht. Und leckere Lieblingsgerichte aus dem Orient, die unsere Küchen, Herzen und Gaumen im Sturm erobert haben: Hummus, Joghurtsauce, Zitronenhühnchen & Co., gewürzt mit Minze, Knoblauch, Sesamsamen und Kreuz-kümmel, sind das Markenzeichen einer jungen, urbanen, gesundheitsbewussten Foodie-Szene.

Erfolg als Solo-Darsteller

Wie alle Menüs in diesem Buch kannst du auch den Orient-Tisch auf drei Arten zum Erfolg führen: Du kochst alleine. Du spannst deine Freunde bei den Vorbereitungen mit ein. Oder ihr kocht alles zusammen bei dir in der Küche. Für die letzte Variante ist es hilfreich, wenn ihr vorab schon ein biss-chen was vorbereitet habt (s. Infokasten).

Wenn du in der Küche als Solo-Darsteller glänzen möchtest, hilft dir ebenfalls der nachstehende Infokasten für die Pla-nungen. Du fängst zwei Tage vorher an, kaufst alles ein, be-reitest es griffbereit vor und machst dich noch am Abend ans Marinieren der Hähnchenbrustfilets.

Am Tag vor dem Essen bereitest du in aller Ruhe den Hum-mus, die Joghurtsauce für die Auberginen, das Zitronen-huhn für die Auflaufform und den Kuchenteig zu. Dann ab damit in den Kühlschrank – fertig!

Das Finish machst du kurz, bevor die Gäste kommen – oder mit deinen Freunden zusammen.

Gut geplant

Die Zauberformel fürs schnelle Orient-menü ist die Timeline meiner Rezepte. Du brauchst ihr nur step by step zu folgen, dann läuft alles glatt. Die Vorbereitung für das Zitronenhühnchen beginnt schon am Tag des Einkaufens, dauert aber nur wenige Minuten – wie im Grunde alle Gerichte! Das Finish der meisten Rezepte geht bei diesem Menü dann besonders fix.

Glanzvoller Gruppenauftritt

Wenn du oder deine Freunde das Marinieren des Hühn-chens und das Backen des Kuchens, wie in der Timeline an-gegeben, vorbereitet habt, könnt ihr alle Gerichte am Abend des Essens in kurzer Zeit zubereiten. Während einer sich um den Hummus kümmert, ein zweiter um die Auberginen, machen sich die anderen Gäste an die Miesmuscheln und das Finish des Kuchens. Die Auberginen sind schnell ge-grillt, das Fladenbrot fix aufgebacken. Danach schmurgelt das Zitronenhühnchen im Ofen.

Der warme, würzige Duft des Chai-Tees zieht währenddes-sen durch die Küche, und in den Gläsern sprudelt der Fit-macher-Drink Ayran. Das Märchen aus 1001 Nacht kann beginnen – Applaus, Applaus!

Diese Gerichte können deine Freunde vorbereiten und mitbringen

Einfach die Rezepte mit der Zutatenliste scannen und verschicken!

- Alle Zutaten für das Kurkuma-Hummus-Rezept, plus Fladenbrot
- Den Knoblauch-Joghurt für die Auberginen
- Den fertig gebackenen Mandel-Gewürzkuchen im Glas

Ihr wollt alles zusammen kochen?

Dann kannst du das zu Hause schon mal vorbereiten:

Zwei Tage vorher:
- Rezepte scannen, an deine Freunde schicken – die Vorfreude steigert den Appetit!
- Einkaufsliste scannen und alles einkaufen
- Hähnchenbrustfilets marinieren und in den Kühlschrank stellen
- Getrocknete Aprikosen in Apfelsaft einweichen und ebenfalls kühl stellen

Einen Tag vorher:
- Für jedes Rezept die Zutaten wie beschrieben vorbereiten
- Alle Zutaten passend zu den Rezepten sortieren und so lagern, dass ihr am nächsten Tag beim Kochen für jedes Gericht alles mit einem Griff parat habt
- Kurkuma-Hummus mixen und über Nacht in den Kühlschrank stellen
- Zitronenhähnchen für die Auflaufform fertig machen und kalt stellen
- Teig für den Kuchen mixen, in die Einmachgläser füllen und kühlen (oder bereits fertig backen)
- Alles zum Tischdecken bereitstellen (s. S. 146)
- Getränke kühlen und Eiswürfel fürs Ayran und die Saftschorle bereithalten

Wenn alle da sind:
- Festlegen: Wer macht was? (Jeder übernimmt ein Gericht, respektive das Finish)
- Wer nicht kochen mag, deckt inzwischen den Tisch und versorgt alle mit Getränken
- Wenn du eine Kaffeemühle hast: Frisch gemahlen, schmeckt der Kaffee noch intensiver

ORIENTAL CHICKEN:
ZITRONENHÄHNCHEN MIT FEIGEN

Germany's next Top-Hühnchen – eine heiße Nummer! Unbeschwerter Genuss mit jeder Menge Pep. Und das Finish aus Granatapfelkernen und Minze sieht irre gut aus.

6 EL Sonnenblumenöl
1 TL gemahlener Kreuzkümmel
1 TL gemahlene Kurkuma
1 frische rote Chilischote
2 Bio-Zitronen
6 Scheiben Hähnchenbrustfilet (à 160 g)
300 g getrocknete Aprikosen
500 ml Apfelsaft
500 g stückige Tomaten (aus der Dose)
Salz
Pfeffer
2 Granatäpfel
10 frische Feigen
½ Bund Minze
2 EL Olivenöl

Außerdem
1 Auflaufform (ca. 30 × 40 cm)

Take it easy!

Mein Mega-Geheimtipp für supersaftige und superfruchtige getrocknete Aprikosen: einfach über Nacht in Apfelsaft einweichen. Ist der Knaller!

DIE KOCHTIMELINE FÜR 6 FREUNDE

Vorbereitung – 2 Tage vorher (20 Min.)

• Für die Marinade 4 EL Sonnenblumenöl, Kreuzkümmel und Kurkuma in eine Plastikschüssel mit Deckel geben. Die Chilischote halbieren, von Kernen befreien, waschen und in feine Streifen schneiden. Die Zitronen heiß waschen, abtrocknen und in feine Scheiben schneiden. Die Chilistreifen und Zitronenscheiben ebenfalls in die Schüssel zur Marinade geben und gut unterrühren.

• Eine Grillpfanne stark erhitzen. Die Hähnchenbrustfilets kalt abspülen, mit Küchenpapier trocken tupfen und mit dem restlichen Sonnenblumenöl bestreichen. Die Filets in die Pfanne geben und auf beiden Seiten je ca. 4 Min. anbraten. Die noch warmen Filets zur Marinade in die Schüssel geben, diese mit dem Deckel verschließen und gut durchschütteln. Die Schüssel über Nacht in den Kühlschrank stellen. Die Aprikosen in eine Schüssel geben, mit dem Apfelsaft übergießen und zugedeckt über Nacht einweichen.

Kochen – am Vortag (10 Min.)

• Die Tomaten in die Auflaufform geben. Aprikosen in ein Sieb abgießen, abtropfen lassen und zu den Tomaten geben. Die Hähnchenbrustfilets aus der Marinade nehmen und auf die Aprikosen in die Form legen, alles mit Salz und Pfeffer würzen. Die Auflaufform zugedeckt über Nacht kalt stellen.

Finish – kurz vor dem Servieren (10 Min. + 20 Min. Garen)

• Den Backofen auf 180° vorheizen, dann die Auflaufform mit den Filets auf mittlerer Schiene in den Ofen schieben und das Fleisch ca. 20 Min. garen.

• Inzwischen in eine Schüssel ca. 10 cm hoch kaltes Wasser füllen. Granatäpfel halbieren und unter Wasser die Kerne herauslösen. Das weiße Fruchtfleisch mit einem Sieb aus dem Wasser entfernen und die Granatapfelkerne in eine Schüssel geben. Die Feigen waschen und vierteln. Die Minze waschen, trocken schütteln und die Blättchen abzupfen.

Servieren – ab auf den Tisch

• Die Auflaufform aus dem Ofen nehmen, Filets mit Granatapfelkernen, Feigen und frischer Minze garnieren. Alles noch mit Salz und Pfeffer übermahlen und mit etwas Olivenöl übergießen – sofort servieren.

DESSERT:
GEWÜRZKUCHEN MIT MASCARPONECREME

Orientalische Backkunst trifft italienische Verführung – aus diesem Flirt wird hier eine ganz große Liebesgeschichte. Das Happy End eines gelungenen Abends!

Für die Gewürzmischung

10 getrocknete Feigen
1 Bio-Orange
1 Bio-Limette
150 g Mandeln
1 Vanilleschote
3 TL Backpulver
2 EL Ras el Hanout (ohne Knoblauch)

Für den Kuchen

3 Möhren
200 g zimmerwarme Butter
250 g brauner Zucker
4 zimmerwarme Eier (M)
200 g Weizenmehl (Type 405)

Für die Mascarponecreme

200 g Mascarpone
100 g Frischkäse
100 g Puderzucker
1 Bio-Limette

Außerdem

6 Einmachgläser à 350 ml (ersatzweise
  1 Backform ca. 10 × 20 cm)
weiche Butter für die Gläser

 **Take it** easy!

Für den Kuchen brauchst du einen Satz Einmachgläser (s. Einkaufsliste S. 149). Du bekommst sie im Supermarkt, Haushaltswarenladen oder Drogeriemarkt. Die Anschaffung lohnt sich – du kannst sie für viele Rezepte in diesem Buch nutzen!

DIE KOCHTIMELINE FÜR 6 FREUNDE

Kochen – am Vortag (20 Min.)

• Die Feigen waschen, in ½ cm große Stücke schneiden und in eine Schüssel geben. Orange und Limette heiß waschen, abtrocknen und die Schale fein abreiben. Diese zu den Feigen geben. Die Mandeln grob hacken. Die Vanilleschote längs aufschneiden, das Mark mit einem spitzen Messer herauskratzen und zusammen mit Mandeln, Backpulver und Ras el Hanout in die Schüssel zu den bereits vorbereiteten Zutaten geben. Alles gut vermischen.

• Die Möhren putzen, schälen und fein raspeln. Butter, Zucker und Eier zu der Gewürzmischung geben und alle Zutaten in der Schüssel ca. 4 Min. mit den Quirlen des Handrührgeräts auf niedriger Stufe rühren. Dann langsam das Mehl dazugeben und weiterrühren, bis ein homogener Teig entstanden ist. Möhrenraspel zum Schluss unter den Teig heben.

• Die Einmachgläser mit etwas Butter bis unter den Rand einfetten. Gläser mit dem Teig bis zu zwei Dritteln füllen. Anschließend die Gläser abgedeckt über Nacht in den Kühlschrank stellen.

Finish – kurz vor dem Servieren (5 Min. + 30 Min. Backzeit)

• Den Backofen auf 180° vorheizen. Die Gläser auf ein Backblech stellen und die Mini-Kuchen im heißen Ofen (Mitte) ca. 30 Min. backen.

• Für die Creme Mascarpone, Frischkäse und Puderzucker in eine Schüssel geben. Die Limette heiß waschen, abtrocknen, die Schale fein abreiben und den Saft auspressen. Limettenschale und -saft zu den übrigen Cremezutaten in die Schüssel geben und alles mit dem Schneebesen gut vermischen.

Servieren – ab auf den Tisch

• Die Kuchen im Glas noch lauwarm auf den Tisch stellen. Die Mascarponecreme in einer separaten Schüssel dazustellen. So kann jeder damit toppen, wie er möchte. Und wenn Kuchen übrig bleibt, dann könnt ihr ihn samt Creme noch locker 3 Tage aufbewahren und nach und nach aufessen.

MEZZE I:
KURKUMA-HUMMUS MIT FLADENBROT

Mit wenigen Zutaten etwas zaubern, das alle begeistert – die magische Formel dafür ist für mich
der Hummus. Mit einer Extraprise Kreuzkümmel und Kurkuma schmeckt er noch würziger!

650 g Kichererbsen (aus der Dose;
   Abtropfgewicht)
100 g Tahin
2 TL gemahlener Kreuzkümmel
2 TL edelsüßes Paprikapulver
1 TL gemahlene Kurkuma
1 TL Salz
4 Knoblauchzehen
2 Zitronen
6 EL Olivenöl
1 großes Fladenbrot
4 Tomaten
½ Bund Petersilie

Good to know

Hummus ist ein Teamplayer – er braucht
unbedingt Fladenbrot zum Dippen. Klar
gibt es das auch im Supermarkt. Wirklich
gutes, knuspriges, frisch aus dem Backofen und mit tollem Aroma findest du aber
woanders – zum Beispiel beim türkischen
Händler um die Ecke.

DIE KOCHTIMELINE FÜR 6 FREUNDE

Kochen – am Vortag (10 Min.)

• Ein Sieb in eine Schüssel hängen und die Kichererbsen in das Sieb geben
und abtropfen lassen, das Abtropfwasser aufheben. Die Kichererbsen in einen
hohen Rührbecher geben und mit dem Pürierstab fein pürieren. Tahin, alle
Gewürze und das Salz dazugeben und untermixen. Sollte das Püree zu dick
sein, etwas vom Abtropfwasser dazugeben. Den Knoblauch schälen und durch
eine Knoblauchpresse zum Püree drücken. Die Zitronen auspressen und den
Zitronensaft zusammen mit 4 EL Olivenöl zum Kichererbsenmus geben. So
lange weitermixen, bis der Hummus eine schön sämige Konsistenz hat. Den
Hummus zugedeckt über Nacht in den Kühlschrank stellen.

Finish – kurz vor dem Servieren (5 Min. + 5 Min. Backzeit)

• Den Backofen auf 180° vorheizen und das Fladenbrot im heißen Ofen
(Mitte) nach Packungsangabe knusprig aufbacken. Den Hummus noch mal
mit einem Löffel gut durchrühren. Tomaten waschen, von den Stielansätzen
befreien und in 1 cm große Würfel schneiden. Die Petersilie waschen, trocken
schütteln und die Blättchen abzupfen.

Servieren – ab auf den Tisch

• Hummus mit einem Esslöffel auf zwei Servierplatten dünn verstreichen.
Tomatenwürfel darauf verteilen und mit dem restlichen Olivenöl beträufeln.
Zum Schluss die Petersilienblättchen über den Hummus streuen. Hummus auf
den Tisch stellen und das Fladenbrot zum Dippen dazulegen.

MEZZE II:
AUBERGINEN MIT JOGHURT UND ZATAR

Hier prallen Kontraste aufeinander: supersofte Auberginen, kühler Joghurt und feiner Knusper –
eine unschlagbare Kombi für alle, die das Spiel der Gegensätze lieben!

3 schmale Auberginen
Salz
1 EL Zatar (orientalische
  Gewürzmischung, s. Tipp)
6 EL Olivenöl
500 g stückige Tomaten (aus der Dose)
1 TL Zucker
Pfeffer
2 Knoblauchzehen
1 Zitrone
200 g Joghurt (3,5 % Fett)
18 Minzeblätter

Good to know

Zatar ist eine traditionelle Gewürzmischung aus Syrien, Libanon, Jordanien. Sie enthält knusprige Sesamsamen und ein Gewürzkraut, das mit Bohnenkraut und Thymian verwandt ist, bei uns aber nicht gedeiht. Mischungen hierzulande kompensieren das mit einer ähnlich schmeckenden Kombination aus Bohnenkraut, Majoran, Oregano oder Thymian. In den Ursprungsländern wird Zatar mit Olivenöl und Meersalz verrührt und mit Brot gedippt – unsere Zatar-Kompositionen enthalten deshalb meist auch etwas Salz.

DIE KOCHTIMELINE FÜR 6 FREUNDE

Finish – am Party-Tag (15 Min. + 1 Std. Ruhen + 45 Min. Backen)

• Die Auberginen waschen und längs halbieren. Schnittflächen kreuzförmig einschneiden, mit Salz bestreuen und 1 Std. ruhen lassen. Anschließend die Auberginen etwas zusammendrücken, damit ein wenig Saft herausläuft. So werden eventuelle Bitterstoffe aus der Aubergine gelöst.

• Backofen auf 180° vorheizen. Zatar und Olivenöl in ein Schälchen geben, verrühren und damit die Schnittflächen der Auberginen bestreichen. Diese mit den Schnittflächen nach oben auf ein mit Backpapier belegtes Backblech legen und im heißen Ofen (Mitte) ca. 45 Min. backen, bis das Fruchtfleisch so weich geworden ist, dass man es mit einem Löffel verstreichen kann.

• Inzwischen die Tomaten in ein Sieb abgießen und abtropfen lassen. Die Tomatenwürfel in einen Topf geben, mit Zucker, Salz und Pfeffer würzen und zum Kochen bringen. Inzwischen die Knoblauchzehen schälen und durch eine Knoblauchpresse in eine Schüssel drücken. Die Zitrone auspressen. Joghurt zusammen mit dem Zitronensaft zum Knoblauch in die Schüssel geben und alles gut vermischen, nach Belieben mit Salz und Pfeffer abschmecken. Die Minzeblätter waschen und trocken tupfen.

Servieren – ab auf den Tisch

• Die Auberginen aus dem Ofen nehmen und auf einer Platte anrichten. Die warmen Tomatenwürfel darauf verteilen. Knoblauchjoghurt darüberträufeln und die Minzeblätter dekorativ aufstreuen. Eventuell noch etwas Pfeffer über die Auberginen mahlen – und ab auf den Tisch.

ORIENTAL BOWL:
MIESMUSCHELN IM KARDAMOMFOND

Das Mittelmeer verbindet Kulturen: Bei diesem Miesmuschel-Gericht trifft orientalische Würze auf Bella Italia. Kardamom und Muscheln – das müsst ihr probieren. Ist die Wucht!

4 kg küchenfertige Miesmuscheln
1 weiße Zwiebel
3 Knoblauchzehen
2 EL Olivenöl
1 EL grüne Kardamomkapseln
700 ml trockener Weißwein
   (z. B. Chardonnay)
2 Bio-Zitronen
1 EL Zatar (orientalische Gewürzmischung; s. Tipp S. 142)
1 frische rote Chilischote
Salz
Pfeffer

Good to know

Miesmacher haben keine Chance: Muscheln zeigen deutlich an, wenn sie nicht mehr genießbar sind. Sind sie frisch, öffnen sich die Schalen beim Kochen. Bleiben sie geschlossen, heißt es aufpassen. Dann sind die Muscheln nicht mehr gut. Einfach aussortieren und weg damit!

DIE KOCHTIMELINE FÜR 6 FREUNDE

Finish – kurz vor dem Servieren (20 Min.)

• Die Miesmuscheln unter fließendem kaltem Wasser gut abspülen und eventuell noch anhaftende Bärte entfernen. Geöffnete Muscheln wegwerfen. Die Zwiebel und den Knoblauch schälen und in ca. ½ cm große Würfel schneiden. Das Olivenöl in einem großen Bräter erhitzen und die Zwiebeln, Knoblauch und Kardamom farblos darin anschwitzen.

• Die Muscheln dazugeben und mit dem Weißwein ablöschen. Sofort einen Deckel auf den Bräter legen und die Muscheln bei mittlerer Hitze 5–10 Min. köcheln lassen, bis alle Muscheln aufgegangen sind. Die Zitronen auspressen. Zitronensaft und Zatar zu den Muscheln in den Topf geben. Die Chilischote halbieren, von Kernen befreien, waschen, in feine Streifen schneiden und auch zu den Muscheln geben. Den Sud mit Salz und Pfeffer abschmecken und die Muscheln, die sich nicht geöffnet haben, entsorgen (s. Tipp).

Servieren – ab auf den Tisch

• Die Muscheln mit dem Bräter auf den Esstisch stellen. Schöpflöffel, Untersetzer und eine Schüssel für die leeren Muschelschalen nicht vergessen!

SIMSALABIM!
SO ZAUBERST DU ALLES FÜR DEIN FEST

Tischleindeckdich ist zwar kein Märchen aus 1001 Nacht, kann aber durchaus Pate stehen für diese Tipps zur Dinnerplanung: perfekt getimt, einfach umsetzbar und zauberhaft leicht!

SESAM ÖFFNE DICH!

Schranktür auf, Gläser und Teller raus – schon steht alles bereit für eure Runde am Tisch. Wenn du magst, stell noch ein paar Teelichter in bunten Gläsern dazu. Magisch!

So deckst du für 6 Leute:
je 6 Messer, Gabeln, Suppenlöffel
je 6 Kuchengabeln und Dessertlöffel
6 große, flache Teller
6 Suppenteller oder Schalen (für die Muscheln)
6 Dessertteller
6 Teetassen oder -gläser
6 Teelöffel
Teekanne, Zuckerdose
6 Espressotassen und -löffel
je 6 Wasser- und Saftgläser
Meersalz und Pfeffer aus der Mühle
4 große Servierplatten
2 hitzebeständige Untersetzer
6 Stoff- oder Papierservietten

FLASCHENGEIST ...

Echt orientalisch – ohne Alkohol, aber mit viel Prickeln!

Die Getränkeliste für 6 Leute:
Chai-Tee zum Aufbrühen (loses Blatt oder Beutel)
1 l Milch
6–8 Becher Ayran (s. Tipp zu den Drinks)
6–8 Flaschen Wasser (mit und ohne Kohlensäure)
Auswahl orientalischer Fruchtsäfte oder Sirups
*   (z. B. Granatapfel, Rose)*
Für den Espresso: türkischen Mokka oder
*   äthiopischen Kaffee*

Tipps zu den Drinks

Ayran ist ein Joghurt-Getränk aus dem Vorderen Orient, das du bei uns im Supermarkt bekommst. Ihr könnt es mit Mineralwasser zusätzlich aufsprudeln. Die Eiswürfel für Saftschorle und Ayran nicht vergessen!

EINKAUFSLISTE

Auf in den Bazar! Duftende Gewürze aus 1001 Nacht gibt es heute in fast allen Supermärkten. Und falls doch noch etwas fehlt, hilft der türkische Laden um die Ecke garantiert aus.

Obst- und Gemüseabteilung

3 Möhren
1 weiße Zwiebel
9 Knoblauchzehen
2 frische rote Chilischoten
3 schmale Auberginen
4 Tomaten
2 Granatäpfel
10 frische Feigen
10 getrocknete Feigen
1 Bio-Orange
7 Bio-Zitronen
2 Bio-Limetten
½ Bund glatte Petersilie
½ Bund + 18 Blätter Minze (oder im Topf)

Feinkost, orientalische Zutaten, Gewürze & Co.

6 EL Sonnenblumenöl
16 EL Olivenöl
Schwarzer Pfeffer aus der Mühle
Feines Meersalz
1 kg stückige Tomaten (Dose)
650 g Kichererbsen (Glas oder Dose; abgetropft)
100 g Tahin (Sesampaste)
3 TL gemahlener Kreuzkümmel
2 TL gemahlene Kurkuma
*2 EL Zatar (orientalische Gewürz-
    mischung, s. Tipp S. 142)*
*2 EL Ras el Hanout (arabische
    Gewürzmischung)*
1 EL grüne Kardamomsamen
2 TL edelsüßes Paprikapulver
300 g getrocknete Aprikosen
500 ml Apfelsaft
700 ml trockener Weißwein
*1 großes Fladenbrot (am besten vom
    türkischen Händler)*

Kühlregal, Molkereiprodukte und Eier

4 Eier (M)
200 g Butter
200 g Joghurt (3,5 % Fett)
200 g Mascarpone
100 g Frischkäse

Backzutaten

200 g Weizenmehl (Type 405)
1 TL feiner Kristallzucker
250 g brauner Zucker
100 g Puderzucker
3 TL Backpulver
1 Vanilleschote
150 g Mandeln

Fleisch und Fisch

4 kg frische Miesmuscheln (in der Muschelschale)
6 Scheiben Hähnchenbrustfilet à 160 g

Küchenutensilien

6 Einmachgläser à 350 ml
1 Auflaufform 30 × 40 cm

 Gut geplant

Für optimales Timing: Alles am besten zwei Tage vor dem Kochevent einkaufen. Nimm auf jeden Fall eine Kühltasche mit, damit die Miesmuscheln frisch bleiben. Bei manchen Zutaten ist die handelsübliche Packung größer, als die Menge, die du zum Kochen brauchst. Gut so – der Rest ist für den Vorrat!

GOOD OLD GERMANY

Heimat-Highlights: Alles, was schon bei Oma und Mama so gut geschmeckt hat – ein Tisch voller Soulfood, der alle happy macht, die's gern deftig mögen.

Pflück mich! Löwenzahn-salat schmeckt super knackig und ist eine healthy Grundla-ge für den knusprigen Speck.

Overnight Sleep: Du kannst die Soljanka schon am Tag vorher zubereiten und über Nacht kühl stellen – so sparst du dir jede Menge Zeit.

Geheimsache Sauce: Das Rezept für die Currywurst-Sauce birgt Über-raschungen. Die sorgen für tollen Ge-schmack – mit null Aufwand!

Große Traditionen für trendbe-
wusste Genießer: von Homema-
de-Currywurst über defitge Soljanka
bis hin zu knusprigen Quarkkeulchen.

Sonntagsbraten: Mit der
Nummer schindest du bei
deinen Freunden Eindruck.
Der Braten macht echt was
her. Und ist mit der Re-
zept-Timeline die einfachste
Sache der Welt!

Yummy! Frisch aus dem But-
terschmalz-Bad kommen die
sächsischen Quarkkeulchen.
Jetzt noch Puderzucker drauf
und dann von der Hand in
den Mund – Hammer!

GOOD OLD GERMANY –
OLD SCHOOL, YOUNG STYLE

Ein tolles Menü, bei dem garantiert niemand alt aussieht. Deutsche Rezepttraditionen, unkompliziert und trendy modernisiert: mit Löwenzahn, One-Pot-Suppenglück, Currywurst, Braten und crispy Quarkgebäck – da wird sogar Oma neidisch!

»Good Old Germany« ist ein all time favorite unter meinen Supper-Club-Menüs. Alle, die gerne Fleisch essen und sich damit mal wieder so richtig die Kante geben möchten, freuen sich auf diesen Abend. Schon in der Soljanka ist ordentlich Wurst drin, dann geht's mit Currywurst weiter – und der große Braten ist das absolute Highlight auf dem Tisch! Keines der Gerichte kostet viel, jedes ist unkompliziert und wirklich nicht schwer zu machen – und alle zusammen: schmecken natürlich Bombe. Was wollt ihr mehr?!

Das schaffst du allein!

Suppe, Braten, frische Quarkkeulchen – so was schüttelte Oma aus dem Handgelenk. Und du auch! Ich habe alle Rezepte so einfach gestaltet, dass du jedes von ihnen locker alleine vorbereiten kannst. Wenn deine Gäste klingeln, steht alles schon relaxed bereit fürs gemeinsame Finish. Wenn du dir die Rezepte anschaust, wirst du sehen, dass sie alle einer dreistufigen Timeline folgen: Vorbereitung, Kochen und Finish. Die ersten beiden Schritte sind die, die du am besten alleine vorbereitest. Den Braten zum Beispiel muss man einfach zwei Tage vor dem Fest in die Marinade geben, damit das Fleisch genügend Zeit bekommt, durchzuziehen. Es gart dadurch schon etwas vor, wird besonders zart und schmeckt einfach super. Die Sauce zur Currywurst und die Soljanka kannst du ebenfalls schon vorbereiten (s. Infokasten).

Gut geplant

Gut Ding will Weile haben: Der Braten braucht ein bisschen Zeit. Deshalb fangen die Vorbereitungen schon zwei Tage vor dem Essen an (s. Infokasten auf S. 155). Mehr Arbeit bedeutet das aber nicht! Alle anderen Gerichte lassen sich ebenfalls gut vorbereiten. Einfach der Timeline der Rezepte folgen – dann läuft alles rund!

Das schafft ihr locker zusammen!

Der Braten braucht ein bisschen, um im Topf fertig zu schmoren – ihr habt also im Grunde jede Menge Gelegenheit, alle Gerichte erst am Abend des Festes zu kochen. Fangt mit dem Braten an (die TK-Bohnen und TK-Kirschen sollten bis zu diesem Zeitpunkt auch bereits aufgetaut sein) und bereitet dann Soljanka und Currysauce zu. Jemand öffnet derweil – Plopp! – die Sekt- und Bierflaschen und mixt Apfelsaft- oder eine andere Fruchtschorle. Dann könnt ihr euch gemütlich Zeit lassen: Der Löwenzahnsalat ist rasch gemacht, das Finish für die Soljanka und die Currywurst ebenso, Bohnen und Sauerkirschkompott gehen ratzfatz, und der Teig für die Quarkkeulchen ist auch kein großes Ding. Omas Lieblinge reloaded – German Food, wie wir es lieben!

Tisch 8
Planung

Diese Rezepte können deine Freunde vorbereiten und mitbringen

Einfach die Rezepte mit der Zutatenliste scannen und verschicken!

- Alle Zutaten für den Löwenzahnsalat
- Die fertig gekochte Currysauce, Würste und Brötchen für die Currywurst
- Das Sauerkirschkompott für die Quarkkeulchen
- Als Beilage zum Sauerbraten kann noch jemand Schupfnudeln aus dem Kühlregal mitbringen

Ihr wollt alles zusammen kochen?

Dann kannst du das zu Hause schon mal vorbereiten:

Zwei Tage vorher:

- Rezepte scannen, an deine Freunde schicken – die Vorfreude steigert den Appetit!
- Einkaufsliste scannen und alles einkaufen
- Die Marinade für den Sauerbraten zubereiten, das Fleisch darin einlegen und kühl stellen
- TK-Kirschen und TK-Bohnen im Kühlschrank auftauen lassen

Einen Tag vorher:

- Für jedes Rezept die Zutaten wie beschrieben vorbereiten
- Alle Zutaten passend zu den Rezepten sortieren und so lagern, dass ihr am nächsten Tag beim Kochen für jedes Gericht alles mit einem Griff parat habt
- Soljanka kochen und über Nacht in den Kühlschrank stellen
- Die Currysauce kochen und ebenfalls über Nacht kühlen
- Alles zum Tischdecken bereitstellen (s. S. 166)
- Getränke kühlen

Wenn alle da sind:

- Festlegen: Wer macht was? (Jeder übernimmt ein Rezept)
- Wer kein Rezept kocht, deckt den Tisch und sorgt für die Getränke
- Beim Kochen: Fangt mit dem Sauerbraten an, der braucht am längsten

DER GROSSE BRATEN:
RHEINISCHER SAUERBRATEN MIT BOHNEN

Sonntagsbratenglück! Allein schon der Duft, wenn das gute Stück im Topf schmurgelt. Wer mag,
reicht Schupfnudeln dazu (fertig gekaufte aus dem Supermarkt). Muss aber nicht sein!

Für die Marinade

3 Möhren
3 weiße Zwiebeln
250 ml Weißweinessig
12 Wacholderbeeren
6 Pimentkörner
4 Lorbeerblätter
1 TL getrockneter Majoran
1 TL getrockneter Thymian

Außerdem

1,5 kg Rindfleisch (z. B. Rinderbrust)
600 g grüne TK-Bohnen
4 weiße Zwiebeln
4 EL Sonnenblumenöl
100 g Speckwürfel
1 l Rinderbrühe
etwas dunkler Zuckerrübensirup
   (nach Belieben)
Salz
Pfeffer
1 EL Saucenbinder (nach Belieben)
5 EL Rosinen

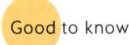

Good to know

Die Marinade ist das A und O beim
Sauerbraten. Sie macht das Fleisch schön
zart, verleiht ihm einen tollen Geschmack
und gibt der Sauce die nötige Tiefe und
Substanz. Deshalb wird das Fleisch schon
zwei Tage vor dem Braten darin eingelegt
(s. Timeline beim Rezept)!

DIE KOCHTIMELINE FÜR 6 FREUNDE

Vorbereitung – 2 Tage vorher (10 Min. + 2 Tage Ruhen)

• Das Fleisch in eine große Box legen. Für die Marinade des Sauerbratens
die Möhren putzen und schälen, die Zwiebeln schälen und beides in grobe
Stücke schneiden. Zwiebel- und Möhrenstücke zusammen mit 600 ml Wasser
und dem Essig in einen Topf geben und aufkochen. Die Wacholderbeeren, die
Pimentkörner, Lorbeerblätter, Majoran und Thymian dazugeben und die noch
warme Marinade über das Fleisch in die Box gießen, sodass das Fleisch vollständig mit der Marinade bedeckt ist. Anschließend das Fleisch 2 Tage in der
verschlossenen Box im Kühlschrank marinieren lassen.

• Ein Sieb in eine Schüssel hängen. Die grünen Bohnen ins Sieb geben und
über Nacht im Kühlschrank auftauen lassen.

Finish – am Party-Tag (15 Min. + 30 Min. Ruhen + 2 ½ Std. Garen)

• Das marinierte Fleisch aus dem Sud nehmen, mit Küchenpapier abtupfen
und die Marinade aufbewahren. Die Zwiebeln schälen und in feine Würfel
schneiden. 3 EL Öl in einem großen Topf erhitzen und Zwiebeln und Speck
darin andünsten. Das Fleisch dazugeben und von allen Seiten anbraten, bis es
rundherum gebräunt ist. Die Hälfte der Marinade dazugießen, sodass das
Fleisch zu ca. einem Drittel mit der Flüssigkeit bedeckt ist. Rinderbrühe hinzugeben, die Sauce kurz aufkochen und den Sauerbraten darin zugedeckt bei
kleiner Hitze ca. 2 Std. 30 Min. garen. Dann das Fleisch aus der Sauce heben,
in Alufolie wickeln und ca. 30 Min. ruhen lassen.

• In der Zwischenzeit die Sauce mit Salz und Pfeffer abschmecken und
nach Belieben mit dem Zuckerrübensirup dunkel färben. Wer die Sauce etwas
sämiger möchte, rührt noch den Saucenbinder in die kochende Sauce. Die
Rosinen heiß abspülen und zum Schluss in die Sauce geben.

• Das restliche Öl in einer Pfanne erhitzen, die grünen Bohnen darin farblos
anbraten und mit Salz und Pfeffer abschmecken. Den Sauerbraten mit einem
scharfen Messer quer zur Faser in ca. 1 cm dicke Scheiben schneiden.

Servieren – ab auf den Tisch

• Die Bohnen in der Pfanne auf den Tisch stellen. Die Fleischscheiben auf
einer großen Platte verteilen und mit der Sauce übergießen, fertig.

DESSERT:
SÄCHSISCHE QUARKKEULCHEN MIT KIRSCHEN

Eine Kindheitserinnerung – und ein dicker Gruß an meine Mama! Sie hat für meinen Bruder und mich ganz oft Quarkkeulchen gebacken. In gaaaaanz viel Butterschmalz!

Für das Kompott

1 kg TK-Sauerkirschen (entsteint)
100 g Vanillezucker
1 EL heller Saucenbinder

Zutaten für die Keulchen

500 g Quark (40 % Fett)
6 EL Rosinen
1 Bio-Zitrone
500 g mehligkochende Kartoffeln
Salz
160 g Weizenmehl (Type 405)
60 g Zucker
2 Pck. Vanillezucker
1 Eigelb (M)

Außerdem

1,5 kg Butterschmalz
6 TL Puderzucker

Good to know

Nein, du hast dich nicht verlesen: So viel Butterschmalz, wie im Rezept angegeben, muss hier sein. Die Keulchen sollen beim Ausbacken richtig schön darin schwimmen. Es schmeckt einfach unbeschreiblich gut! Leg die fertigen Keulchen vor dem Servieren einfach auf Küchenpapier – das saugt überschüssiges Fett auf. Nach dem Ausbacken schüttest du das Schmalz durch ein Sieb und bewahrst es in einem Schraubglas im Kühlschrank auf. Du kannst es z. B. nochmal für Wiener Schnitzel oder Gemüse im Ausbackteig verwenden.

DIE KOCHTIMELINE FÜR 6 FREUNDE

Vorbereitung – 2 Tage vorher (5 Min.)

• Die gefrorenen Sauerkirschen in eine Schüssel geben und über Nacht zugedeckt im Kühlschrank auftauen lassen.

Kochen – am Vortag (10 Min.)

• Für das Kompott die Sauerkirschen in einen großen Topf geben und zum Kochen bringen. Den Zucker und den Saucenbinder dazugeben und das Kompott köcheln lassen, bis es schön sämig geworden ist. Das Kompott auskühlen lassen und zugedeckt über Nacht in den Kühlschrank stellen. Es darf ruhig etwas säuerlich sein, das passt dann gut zu den süßen Keulchen.

Finish – kurz vor dem Servieren (30 Min. + 20 Min. Garen)

• Den Quark in ein Sieb geben und abtropfen lassen. Rosinen heiß waschen, in einem Schälchen mit Wasser bedecken und einweichen lassen. Die Zitrone heiß waschen, abtrocknen und die Schale abreiben.

• Die Kartoffeln schälen, halbieren und in reichlich kochendem Salzwasser zugedeckt in ca. 20 Min. weich kochen. Kartoffeln abgießen, kurz ausdampfen lassen und noch warm durch eine Kartoffelpresse in eine Schüssel drücken. Quark, Mehl, Zucker, Vanillezucker, Eigelb und Zitronenschale hinzugeben und die Zutaten mit den Händen zu einem Teig verkneten. Rosinen in ein Sieb abgießen, abtropfen lassen und unter den Teig kneten. Dann gleichmäßige Portionen vom Teig abstechen und mit den Händen Küchlein daraus formen.

• Das Butterschmalz in einem weiten Topf erhitzen und die Keulchen darin portionsweise bei mittlerer Hitze in 3–4 Min. von beiden Seiten goldgelb anbraten. Das Kompott zum Kochen bringen.

Servieren – ab auf den Tisch

• Das Kompott in eine tiefe Schüssel geben. Die Quarkkeulchen auf eine Platte legen und mit Puderzucker bestreut servieren.

SUPPE:
BRANDENBURGISCHE SOLJANKA

Mehr Kindheitserinnerungen: Das Rezept stammt von meiner Mutter. Und die hat es von meiner Großmutter. Wichtig für den Geschmack: Wurstsorten von richtig guter Qualität!

150 g Wurst- und Bratenabschnitte
150 g Salami
150 g roher Schinken
150 g durchwachsener Räucherspeck
  in dünnen Scheiben
5 EL Sonnenblumenöl
1 weiße Zwiebel
150 g Tomatenmark
1,4 l Rinderbrühe
7 Gewürzgurken + etwas Gurkenwasser
1 Glas Letscho (400 g)
3 Lorbeerblätter
Salz
Pfeffer

Für die Garnitur
2 Zitronen (nach Belieben)
½ Bund Petersilie
300 g saure Sahne

Take it easy!

Wenn du keinen Metzger in der Nähe hast, kaufst du die Wurst am besten an der Fleischtheke im Supermarkt. Bei der Salami kannst du gerne eine mit Knoblauch wählen, beim Speck ist geräuchertes Wammerl (Schweinebauch) die erste Wahl. Übrigens: Letscho, ein Schmorgemüse mit viel Paprika, Weißkraut und Zwiebeln drin, stammt ursprünglich aus Ungarn. Du findest es im Glas bei den Fertigsaucen in gut sortierten Supermärkten.

DIE KOCHTIMELINE FÜR 6 FREUNDE

Kochen – am Vortag (30 Min. + 1 Std. Kochen)
• Wurst, Braten, Salami, Schinken und Speck in grobe Streifen schneiden. Das Öl in einem großen Bräter erhitzen und die Streifen darin kross anbraten. Inzwischen die Zwiebel schälen und würfeln, dann in den Bräter geben und mitbraten. Tomatenmark dazugeben und ca. 5 Min. unter Rühren mitbraten. Die Brühe angießen und aufkochen lassen.
• Gewürzgurken ebenfalls in grobe Würfel schneiden und zusammen mit etwas Gurkenwasser, dem Letscho und den Lorbeerblättern zur Suppe geben. Diese zugedeckt mindestens 1 Std. bei mittlerer Hitze köcheln lassen. Anschließend die Soljanka mit Salz und Pfeffer abschmecken, auskühlen lassen und zugedeckt über Nacht in den Kühlschrank stellen.

Finish – kurz vor dem Servieren (5 Min.)
• Die Suppe aufkochen. Von den Zitronen, falls verwendet, die Schale dick abschneiden und das Fruchtfleisch in dünne Scheiben schneiden. Petersilie waschen, trocken schütteln, die Blättchen abzupfen und diese grob hacken.

Servieren – ab auf den Tisch
• Die Suppe nach Belieben mit Zitronenscheiben und gehackter Petersilie garnieren und im Topf auf den Esstisch stellen. Saure Sahne auf zwei kleine Schalen verteilen und als Topping zur Suppe stellen.

GERMAN STREETFOOD:
BERLINER CURRYWURST MIT SCHARFER SAUCE

Die Edel-Variante mit Super-Spezial-Currysauce: Apfelmus und Honig runden die Schärfe ab,
Aceto balsamico verleiht eine feine Säure – diese Currywurst kommt extra lecker daher!

Für die Currysauce
2 weiße Zwiebeln
2 EL Sonnenblumenöl
4 EL mittelscharfes Currypulver
1 TL Chilipulver
1 l Tomatenketchup
3 EL Aceto balsamico
2 EL flüssiger Honig
2 EL Worcestershire-Sauce
3 EL feines Apfelmus
Salz (nach Belieben)

Außerdem
6 Currywürste
3 EL Sonnenblumenöl
1 EL mittelscharfes Currypulver
6 Brötchen

Good to know

Die selbst gemachte Sauce mit den
chunky Zwiebelstücken ist zwar die
Krönung bei diesem Gericht, aber die
Basics hierfür sind und bleiben die Würste.
Hier kann die Qualität gar nicht gut genug
sein. Deshalb nehme ich niemals abge-
packte, sondern immer frische Würste vom
Metzger meines Vertrauens. Schmeckt
einfach viel, viel, viel besser!

DIE KOCHTIMELINE FÜR 6 FREUNDE

Kochen – am Vortag (20 Min.)
 • Für die Currysauce die Zwiebeln schälen und fein hacken. Das Sonnen-
blumenöl in einem Topf erhitzen und die Zwiebeln darin zusammen mit dem
Curry- und dem Chilipulver glasig dünsten. Dann 100 ml Wasser und das
Ketchup angießen und die Sauce zum Kochen bringen.
 • Restliche Saucenzutaten dazugeben, Currysauce noch einmal aufkochen
und mit den Gewürzen sowie nach Belieben auch noch mit Salz abschmecken.
Sollte die Currysauce zu dick sein, einfach noch 50 ml Wasser dazugeben. Die
Sauce auskühlen lassen und zugedeckt über Nacht in den Kühlschrank stellen.

Finish – kurz vor dem Servieren (5 Min.)
 • Die Currywürste auf beiden Seiten jeweils mehrmals schräg einschneiden.
Das Sonnenblumenöl in einer großen Pfanne erhitzen und die Würste darin
von allen Seiten goldgelb anbraten. Inzwischen Currysauce einmal aufkochen.
Die Würste aus der Pfanne nehmen und quer in Scheiben schneiden.

Servieren – ab auf den Tisch
 • Die Currysauce auf sechs tiefe Schälchen verteilen. Dann die Currywurst-
scheiben daraufgeben und diese mit Currypulver bestreuen. Dazu gibt's die
Brötchen zum Sauce-Tunken. Alles auf den Tisch stellen.

SALAT:
SAARLÄNDISCHER LÖWENZAHNSALAT

Hier ist nicht nur der Löwenzahn der Star, sondern auch die Zwiebel-Speck-Schmelze. Am allerbesten schmeckt die mit geräuchertem Speck – lass dich ruhig beim Metzger beraten!

2 große Bund Löwenzahn
(ersatzweise Rucola)
2 weiße Zwiebeln
300 g durchwachsener Räucherspeck
1 EL Sonnenblumenöl
2 EL Weizenmehl (Type 405)
100 ml Fleischbrühe
4 EL Weißweinessig
2 EL Olivenöl
Salz
Pfeffer

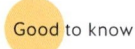 **Good** to know

Löwenzahnsalat ist eine französische Spezialität, die wegen der Nähe zu Frankreich auch im Saarland sehr beliebt ist. Man findet ihn auf Wochenmärkten von Frühling bis Herbst. Er schmeckt leicht bitter, ist von knackiger Struktur und wird traditionell mit viel geräuchertem Speck, gekochtem Ei, Walnüssen und Knoblauch-croûtons gegessen.

DIE KOCHTIMELINE FÜR 6 FREUNDE

Finish – kurz vor dem Servieren (25 Min.)

• Löwenzahnblätter von den Strünken befreien, die Blätter waschen, trocken schütteln, in 3 cm lange Stücke schneiden und in eine große Schüssel geben. Die Zwiebeln schälen und in feine Würfel schneiden. Den Speck würfeln.

• Das Öl in einer Pfanne erhitzen und Speck und Zwiebeln darin goldgelb anbraten. Dann das Mehl hinzufügen und mit der Brühe ablöschen. Diese aufkochen, bis die Sauce eine sämige Konsistenz hat. Essig und Olivenöl dazugeben und das Dressing mit Salz und Pfeffer abschmecken.

Servieren – ab auf den Tisch

• Den Löwenzahn auf einer großen Platte anrichten und das lauwarme Speck-Zwiebel-Dressing darauf verteilen, fertig.

LOCKER BLEIBEN!
TISCH DECKEN, GETRÄNKE, EINKAUF & CO. – SO EINFACH WIE NIE

Wenn Oma früher zum Sonntagsbraten einlud, hatte sie alles im Griff. Mit diesen Tipps läuft's auch bei dir wie geschmiert!

AUFGEDECKT!

Alle Achtung: Schneller als mit dieser Liste kann man den Tisch nicht decken!

So deckst du für 6 Leute:
je 6 Messer, Gabeln, Suppenlöffel
je 6 Kuchengabeln und Dessertlöffel
6 große, flache Teller
6 Suppenteller
6 Pommesschälchen für die Currywurst
6 Dessertteller
6 Espressotassen und -löffel
je 6 Wasser- und Saftgläser
6 Sektgläser
je 6 Bier- und Weißweingläser
6 Schnapsgläser
Meersalz und Pfeffer aus der Mühle
5 große Servierplatten
2 kleinere Schälchen (für die saure Sahne zur Soljanka)
1 Schüssel (für das Sauerkirschkompott)
2 hitzebeständige Untersetzer
6 Stoff- oder Papierservietten

EINGESCHENKT!

Wer will nochmal, wer hat noch nicht? Ein Prosit auf die deutsche Küche!

Die Getränkeliste für 6 Leute:
1 Flasche Sekt
12 Flaschen Bier
3–4 Flaschen Weißwein (z. B. Riesling, Silvaner)
6–8 Flaschen Wasser (mit und ohne Kohlensäure, s. Tipps zu den Drinks)
Auswahl verschiedener Fruchtsäfte (z. B. naturtrüber Apfel, Birne, Traube)
Obstbrand oder Magenbitter als Digestif
Espresso

Tipps zu den Drinks

Die Gerichte kommen aus verschiedenen deutschen Regionen – warum also nicht auch das Bier? Wenn du magst, stell dir in der Getränkeabteilung eine Auswahl deutscher Biersorten zusammen.

EINKAUFSLISTE

*Auf Wurst, Brot und Brötchen sind wir in Deutschland zu
Recht ein bisschen stolz – die Auswahl ist ja auch riesig!
Der Metzger und Bäcker deiner Wahl berät dich gern.*

Obst- und Gemüseabteilung (oder Wochenmarkt)

2 große Bund Löwenzahn (ersatzweise Rucola)
500 g mehligkochende Kartoffeln
12 weiße Zwiebeln
3 Möhren
3 Bio-Zitronen
½ Bund Petersilie

Feinkost, Gewürze & Co.

15 EL Sonnenblumenöl
2 EL Olivenöl
250 ml + 4 EL Weißweinessig
3 EL Aceto balsamico
Schwarzer Pfeffer aus der Mühle
Feines Meersalz
7 Lorbeerblätter
12 Wacholderbeeren
6 Pimentkörner
5 EL mittelscharfes Currypulver
1 TL Chilipulver
1 TL getrockneter Majoran
1 TL getrockneter Thymian
2 EL Saucenbinder
7 Gewürzgurken
1 Glas Letscho (für 400 g)
1 l Tomatenketchup
150 g Tomatenmark (Tube oder Döschen)
2 EL Worcestershire-Sauce
2,5 l Rinderbrühe (Instant oder Glas)
3 EL Apfelmus
2 EL flüssiger Honig
6 Brötchen (für die Currywurst – gern auch vom Bäcker)

Backzutaten

160 g + 2 EL Mehl (Type 405)
60 g Zucker
100 g + 2 Pck. Vanillezucker
6 TL Puderzucker
11 EL Rosinen
etwas Zuckerrübensirup

Kühlregal, Molkereiprodukte und Eier

1 Ei (M)
500 g Quark (40 % Fett)
300 g saure Sahne
1,5 kg Butterschmalz

Fleisch und Wurstwaren

1,5 kg küchenfertiges Rindfleisch (z. B. Rinderbrust)
6 Würste für Currywurst à ca. 150 g (rote oder
    weiße – ganz nach Geschmack)
300 g durchwachsener Räucherspeck am Stück
100 g Speckwürfel
150 g durchwachsener Räucherspeck in dünnen
    Scheiben
150 g roher Schinken
150 g Salami
150 g Wurst- und Bratenabschnitte

TK-Produkte

600 g grüne Bohnen
1 kg Sauerkirschen

 **Gut geplant**

Frischen Löwenzahn gibt es ab Frühling in
gut sortierten Supermärkten. Und
natürlich auch auf dem Wochenmarkt!
Für optimales Timing: Alles zwei Tage vor
dem Kochevent einkaufen – das Fleisch
muss zwei Tage in der Marinade ziehen.
Wenn bei manchen Zutaten die handelsübliche Packung größer ist, als die Menge,
die du brauchst, geht das in Ordnung: So
hast du einen Vorrat (z. B. Mehl, Zucker,
Öl, Essig, Saucenbinder).

INDOOR BEEF AND BBQ

Beef and BBQ indoor!
Ohne Rauchschwaden, aber mit ganz viel Spaß auch mal im WInter: Ob Fleisch, Gemüse oder Meeresfrüchte – alles schmeckt so lecker wie unter freiem Himmel!

Knabberspaß: Garnele, Apfel, Garnele, Apfel – einfach eines nach dem anderen vom Spieß zupfen und dann: ganz schnell ab in den Mund!

Cole Slaw mit Pep: Kommt dank Wasabi richtig scharf rüber. Passt perfekt zu den Wedges. Und ist ein Muss zum Entrecôte!

Einladung zum Grillfest: Mit dem Beef-and-BBQ-Menü kann es jetzt endlich auch drinnen steigen – und zwar mit allem, was dazu gehört!

Grillgemüse aus Pfanne und Ofen – da hauen auch Fleischfans super gern rein! Die Guacamole zieht im Kühlschrank schon mal eine Nacht durch.

Heiße Sache: Einfach die Pfanne auf den Tisch stellen – darin bleiben die saftigen Steaks schön warm. Und wie das duftet! Mmhh!

Nichts einfacher als das! Lass dich überraschen, welche Käsesorten dcine Freunde mitbringen. Wenn sie die selber kaufen, spart dir das Zeit.

Mal so, mal so: Fruchtig-scharfe Saucen zu Käse gibt es in großer Auswahl. Sie schmecken auch toll zu Fleisch und Grillgemüse!

INDOOR BEEF AND BBQ –
GRILLABEND OHNE GRILL

Ein Grillabend lebt von Gegensätzen: brutzelndes Fleisch und kühle Salate, cremige Dips und
krosse Kruste, sommerliche Wärme und eiskalte Drinks. Ein gutes Steak gehört natürlich dazu,
aber auch knackiges Gemüse und Meeresfrüchte. Holiday Feeling at Home!

Endlich mal eine Grillfete ohne Holzkohle schleppen, Feuer
machen, Rauchschwaden, Stechmücken und verbranntes
Fleisch. Dafür mit viel guter Laune, wenig Vorbereitung und
jeder Menge Spaß. Garnelen und Gemüse grillen und Steaks
auf den Punkt garen, funktioniert auch in der Indoor-Küche.
Mit Grillpfanne und Backofen – just in time. Dazu gibt es
knackige Salate sowie leckere Toppings und Dips – warum
kompliziert, wenn's auch einfach geht?!

Alles alleine vorbereiten ...
Ein Barbecue in Alleinregie vorbereiten, macht normaler-
weise einige Arbeit. Hier nicht! Du gehst einfach zwei Tage
vorher einkaufen (s. Einkaufsliste S. 187), marinierst am
Vorabend des Fests die Garnelen, mixt die Guacamole und
bereitest den Cole Slaw und die Knoblauchbutter zu. Das
Ganze dauert gerade mal eine Stunde. That's it!
Bleibt noch genügend Zeit, alles fürs Tischdecken bereitzu-
stellen und die Getränke zu kühlen. Jetzt noch Eiswürfel ein-
frieren und Topfkräuter wässern – fertig. Das Tolle an dem
Menü sind die unglaublich einfach zuzubereitenden Gerichte – die aber fantastisch schmecken! Ob Garnelenspieße
oder Steaks, Grillgemüse oder Beilagen – alle Menübestand-
teile sind von der Sorte »quick and easy« – ihr könnt sie
ebenso gut auch am Dinnerabend selbst zubereiten!

Gut geplant

Wie bei allen Menüs gilt auch hier: Die
Timeline ist der Garant dafür, dass alles
zeitgleich auf dem Tisch steht. Geh am
besten zwei Tage vorher einkaufen – dann
kannst du alles in Ruhe vorbereiten und
hast am Dinnerabend selbst null Stress.
Oder deine Freunde übernehmen einen
Teil – noch besser! Tipps dazu findest du
in den Infokästen auf S. 175.

... oder in der Gruppe
Fangt dafür am besten mit dem Cole Slaw an – der ist
schnell gemacht, braucht aber eine Stunde im Kühlschrank,
um ordentlich durchzuziehen. Er schmeckt dann noch besser! Danach kommen die Knoblauch-Gewürz-Butter und die
Limetten-Guacamole dran, das Grillgemüse und die Garnelenspieße. Falls ihr TK-Potatoe-Wedges als Beilage für die
Entrecôtes mögt (s. Tipp S. 176), könnt ihr die einfach im
Ofen aufbacken, sobald das Grillgemüse fertig ist. In der
Zwischenzeit braten die Steaks in der Pfanne. Wenn ihr es
euch noch einfacher machen möchtet, und deine Gäste Lust
und Zeit haben, können sie auch einige Gerichte selbst zu
Hause vorbereiten (s. Infokasten rechts) und mitbringen.
Am einfachsten geht das natürlich mit der Käseplatte. Wer
sich für die entscheidet, muss einfach nur einkaufen gehen.
Bequemer war wohl noch nie ein Dessert ready to eat!

Diese Rezepte können deine Freunde vorbereiten und mitbringen

Einfach die Rezepte mit der Zutatenliste scannen und verschicken!

- Alle Zutaten für das marinierte Gemüse und die Limetten-Guacamole. Letztere kann man vorbereiten – muss man aber nicht. Ihr könnt auch alles am Dinnerabend frisch zubereiten
- Den fertigen Cole Slaw mit Wasabi und Ananas
- Die Käse-Auswahl mit Feigen, Beeren und fruchtiger Senfsauce

Ihr wollt alles zusammen kochen?

Dann kannst du das zu Hause schon mal vorbereiten:

Zwei Tage vorher:

- Rezepte scannen, an Freunde schicken – Vorfreude steigert den Appetit!
- Einkaufsliste scannen und alles einkaufen

Einen Tag vorher:

- Für jedes Rezept die Zutaten wie beschrieben vorbereiten
- Alle Zutaten passend zu den Rezepten sortieren und so lagern, dass ihr am nächsten Tag beim Kochen für jedes Gericht alles mit einem Griff parat habt
- Optional (aber kein Muss): die Limetten-Guacamole für das Gemüse mixen
- Den Cole Slaw (ohne Wasabi) zubereiten und über Nacht in den Kühlschrank stellen. Die restlichen Zutaten fügt ihr erst beim Finish dazu
- Garnelen im Kühlschrank auftauen lassen, dann in der Marinade über Nacht kalt stellen
- Die Knoblauch-Gewürz-Butter anrühren und kühlen
- Alles zum Tischdecken bereithalten (s. S. 186)
- Getränke kühlen, Eiswürfel vorbereiten

Wenn alle da sind:

- Festlegen: Wer macht was? (Jeder übernimmt ein Gericht)
- Wer kein Rezept kocht, deckt schon mal den Tisch und kümmert sich um die Drinks
- Sind Cocktail-Freaks an Bord? Dann weiß sicher jemand, wie man einen Whiskey Sour mixt!

FÜR STEAK-FANS:
ENTRECÔTE MIT KIRSCHTOMATEN

Mit Ingwer mariniert, wird das Entrecôte besonders zart. Das Steakgewürz kommt zur Abwechslung mal nicht ans Fleisch, sondern in die Würzbutter – ein toller Geschmackseffekt!

Für die Marinade

1 Stück frischer Ingwer (ca. 1 cm lang)
3 Knoblauchzehen
1 frische rote Chilischote
3 Zweige Thymian
3 Zweige Rosmarin
250 ml Olivenöl
Pfeffer

Für die Knoblauchbutter

200 g Butter
½ TL Steak-Gewürzmischung
3 Knoblauchzehen
1 EL Zitronensaft
Salz
Pfeffer

Für die Steaks

6 Scheiben Entrecôte (je 2 cm dick)
900 g Kirschtomaten
3 EL Sonnenblumenöl
Salz
Pfeffer
3 Zweige Thymian
3 Zweige Rosmarin

Außerdem

6 kleine Schälchen

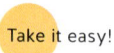

Wenn du möchtest, kannst du für deine Gäste noch eine schnelle Beilage zaubern: mit Potatoe Wedges aus der TK-Truhe.

DIE KOCHTIMELINE FÜR 6 FREUNDE

Vorbereitung – 2 Tage vorher (5 Min.)

• Für die Steak-Marinade Ingwer und Knoblauch schälen und in Scheiben schneiden. Die Chilischote halbieren, von Kernen befreien, waschen und in feine Streifen schneiden. Thymian und Rosmarin waschen, trocken schütteln und Blättchen bzw. Nadeln von den Stielen streifen. Ingwer, Knoblauch, Chili, Thymianblättchen und Rosmarinnadeln in eine Schüssel geben und das Öl dazugießen. Die Entrecôte-Scheiben in die Marinade legen, damit vermischen und abgedeckt im Kühlschrank bis zur Verwendung marinieren.

Kochen – am Vortag (15 Min.)

• Für die Knoblauchbutter die Butter in kleine Stücke schneiden, in eine Schale geben, bei Raumtemperatur weich werden lassen und dann mit dem Steakgewürz verrühren. Knoblauch schälen und durch eine Knoblauchpresse zur Butter drücken. Diese mit Zitronensaft, Salz und Pfeffer abschmecken, in sechs kleine Schälchen füllen und zugedeckt in den Kühlschrank stellen.

Finish – kurz vor dem Servieren (15 Min. + 15 Min. Garen)

• Den Backofen auf 180° vorheizen. In der Zwischenzeit für die Steaks die Kirschtomaten waschen, auf ein Backblech legen, mit Sonnenblumenöl, Salz und Pfeffer mischen und im Backofen (Mitte) ca. 15 Min. gar ziehen lassen.

• Thymian und Rosmarin waschen, trocken schütteln und die Zweige etwas kleiner zupfen. Eine ofenfeste Grillpfanne stark erhitzen. Die Entrecôtes aus der Marinade nehmen und das Öl etwas vom Fleisch streifen. Steaks portionsweise in der Pfanne von beiden Seiten je ca. 2 Min. scharf anbraten, aus der Pfanne nehmen und warm halten. Die Kräuterzweiglein in die Pfanne geben, die Steaks zurück in die Pfanne legen und mit der Pfanne ca. 5 Min. im Ofen nachziehen lassen, um sie medium auf den Tisch zu bringen.

Servieren – ab auf den Tisch

• Steaks zusammen mit den Kirschtomaten direkt in der Pfanne servieren, mit Salz und Pfeffer übermahlen. Die Knoblauchbutter danebenstellen.

FÜR MEERESFRÜCHTE-FANS:
CHILI-GARNELEN-SPIESSE MIT APFELSPALTEN

Eyecatcher: Kurkuma verleiht den marinierten Garnelen eine sonnig gelbe Farbe. Dazu Apfel und Petersilie – eine freche Verbindung. Deine Gäste werden Augen machen!

36 große küchenfertige TK-Garnelen
2 Knoblauchzehen
2 frische rote Chilischoten
6 EL Olivenöl
1 TL gemahlene Kurkuma
3 säuerliche Äpfel
1 Zitrone
½ Bund Petersilie (nach Belieben)
Salz
Pfeffer

Außerdem
12 Holzspieße (10 cm lang)

 **Take it** easy!

Wenn du die Garnelen tiefgefroren kaufst, sparst du dir am Tag des Dinners den Weg zum Fischhändler und gewinnst dadurch Zeit. Qualitativ hochwertige, küchenfertige TK-Garnelen sind geschält und schon vom Darm befreit – praktisch!

DIE KOCHTIMELINE FÜR 6 FREUNDE

Vorbereitung – 2 Tage vorher (5 Min.)
• Die gefrorenen Garnelen in eine Schüssel geben und zugedeckt über Nacht im Kühlschrank auftauen lassen.

Kochen – am Vortag (10 Min.)
• Die Garnelen in ein Sieb abgießen und abtropfen lassen. Für die Marinade den Knoblauch schälen und fein hacken. Chilischoten halbieren, von Kernen befreien, waschen und ebenfalls fein hacken. Knoblauch, Chilistückchen, das Olivenöl und Kurkuma in eine Schüssel geben, die Garnelen untermischen und zugedeckt über Nacht im Kühlschrank marinieren.

Finish – kurz vor dem Servieren (15 Min.)
• Die Äpfel waschen, vierteln, vom Kerngehäuse befreien und in 1 cm breite Spalten schneiden. Die Garnelen aus der Marinade heben, etwas abtropfen lassen und jeweils 3 Garnelen und 3 Apfelspalten im Wechsel auf jeden Spieß stecken. Eine große Pfanne erhitzen und die Spieße darin portionsweise von beiden Seiten ohne Fett scharf anbraten, dann 5 Min. bei kleiner Hitze ziehen lassen. Inzwischen die Zitrone auspressen. Petersilie, falls ihr sie verwendet, waschen, trocken schütteln und die Blättchen abzupfen.

Servieren – ab auf den Tisch
• Die Spieße auf einer großen Platte anrichten, mit Zitronensaft beträufeln und nach Belieben mit Petersilienblättchen bestreuen, dann noch mit Salz und Pfeffer übermahlen und auf den Esstisch stellen.

SALAT:
COLE SLAW MIT WASABI UND ANANAS

Cole Slaw, der amerikanische Krautsalat, ist eine typische Beilage zum BBQ. Hier eine verschärfte Version mit exotischer Fruchtnote – eine Kombi, die Appetit macht!

2 frische rote Chilischoten
3 EL Mayonnaise
3 EL saure Sahne
1 EL mittelscharfer Senf
5 EL Zitronensaft
Salz
Pfeffer
1 kg Weißkohl
½ Ananas
Wasabipaste (nach Belieben)
½ Bund Frühlingszwiebeln

 **Take it** easy!

Wasabi, der japanische Meerrettich, hat's in sich. Wenn du mit seiner Schärfe auf Nummer sicher gehen möchtest, nimm von der Mayonnaise einfach ein paar Löffel weg und verrühre diese mit etwas Wasabipaste. Dann gibst du löffelweise davon in den Salat – so lange, bis es vom Schärfegrad her passt.

DIE KOCHTIMELINE FÜR 6 FREUNDE

Kochen – am Vortag (25 Min.)

• Chilischoten halbieren, von Kernen befreien, waschen und fein hacken. Chilistückchen, Mayonnaise, saure Sahne, Senf und Zitronensaft in eine große Schüssel geben, verrühren und die Sauce mit Salz und Pfeffer würzen.

• Den Weißkohl waschen, putzen, vierteln und den Strunk sowie die dicken Blattrippen entfernen. Die Kohlblätter quer in sehr dünne Streifen schneiden oder hobeln. Ananashälfte schälen, vom Strunk befreien und in 1 cm große Würfel schneiden. Die Kohlstreifen und Ananaswürfel zur Salatsauce in die Schüssel geben und alles gut durchmischen. Den Salat zugedeckt über Nacht in den Kühlschrank stellen und durchziehen lassen.

Finish – kurz vor dem Servieren (5 Min.)

• Den Salat nach Belieben mit der Wasabipaste würzen, am Anfang lieber etwas weniger dazugeben, immer wieder probieren und sich nach und nach an den richtigen Pep für den Salat rantasten (s. Tipp). Die Frühlingszwiebeln putzen, waschen und in dünne Ringe schneiden.

Servieren – ab auf den Tisch

• Den Salat auf eine Platte geben, mit den Frühlingszwiebeln bestreuen und zu den anderen Gerichten auf den Tisch stellen. Salatbesteck nicht vergessen!

AUS GRILLPFANNE UND OFEN:
GRILLGEMÜSE MIT LIMETTEN-GUACAMOLE

Wenig Arbeit, viel Aroma: Mit diesem Gericht zauberst du Mittelmeerstimmung und machst alle glücklich, Fleischesser wie Veggie-Fans! Es schmeckt solo oder als Beilage zum Steak.

Für die Limetten-Guacamole

4 sehr reife Avocados
2 Limetten
2 EL Olivenöl
1 frische rote Chilischote
Salz
Pfeffer

Für das Gemüse

1 Aubergine
2 Zucchini
1 gelbe Paprika
2 rote Paprika
1 rote Zwiebel
4 Zweige Rosmarin
4 Zweige Thymian
4 TL Olivenöl
Salz
Pfeffer

 **Take it easy!**

Wenn du die Guacamole am Tag vorher zubereitest, kann es sein, dass sie sich über Nacht an der Oberfläche leicht bräunlich färbt. Das ist nicht schlimm! Einfach vorm Servieren die obere Schicht mit einem Löffel entfernen und noch ein paar Spritzer Limettensaft darübergeben. Denk auch daran, die Guacamole gut luftdicht abzudecken, bevor du sie in den Kühlschrank stellst.

DIE KOCHTIMELINE FÜR 6 FREUNDE

Kochen – am Vortag (10 Min.)

• Für die Guacamole die Avocados halbieren, den Kern entfernen, das Fruchtfleisch mit einem Löffel aus den Schalen heben und in einen hohen Rührbecher geben. Die Limetten auspressen und den Saft sowie das Olivenöl zum Avocadofruchtfleisch geben. Die Chili halbieren, von Kernen befreien, waschen, in Stücke schneiden und ebenfalls dazugeben. Alle Zutaten im Rührbecher mit dem Pürierstab zu einer homogenen Creme mixen und diese mit Salz und Pfeffer abschmecken. Guacamole zugedeckt über Nacht kalt stellen.

Finish – kurz vor dem Servieren (15 Min. plus 10 Min. Garen)

• Für das Gemüse den Backofen auf 180° vorheizen. Die Aubergine und die Zucchini waschen, putzen und in 1 cm dicke Scheiben schneiden. Die Paprika halbieren, von Kernen und Trennwänden befreien, waschen und in 2 cm dicke Streifen schneiden. Zwiebel schälen und in grobe Stücke schneiden. Kräuter waschen, trocken schütteln und die Nadeln bzw. Blättchen von den Stielen streifen. Gemüse, Thymianblättchen, Rosmarinnadeln und Olivenöl in eine Schüssel geben, mit Salz und Pfeffer würzen und gut vermischen. Eine Grillpfanne stark erhitzen und das marinierte Gemüse darin scharf anbraten. Dann das Grillgemüse auf einem mit Backpapier belegten Backblech verteilen und im heißen Ofen (Mitte) ca. 10 Min. gar ziehen lassen.

Servieren – ab auf den Tisch

• Das Gemüse auf einer großen Platte anrichten und eventuell noch mal mit Salz und Pfeffer abschmecken. Die Limetten-Guacamole in eine Schüssel geben und neben das Gemüse auf den Tisch stellen.

NACHTISCH:
KÄSEVARIATION MIT FEIGEN UND BEEREN

Die schnellste Nachspeise der Welt – leckeren Käse auswickeln, Feigen und Beeren aufs Brett,
voilà. Wichtig hier: qualitativ hochwertiger Käse vom Fachhändler. Lohnt unbedingt!

6 × 150 g Käse (verschiedene Sorten)
6 reife Feigen
300 g gemischte Beeren
200 ml fertige Apfel-Senf-Sauce
3 Baguettes

Take it easy!

Wenn du keine Apfel-Senf-Sauce findest,
kannst du auch einen anderen fruch-
tig-scharfen Dip für Käse kaufen. Die
Auswahl ist in den Supermärkten inzwischen ziemlich groß. Ob mit Feige,
Mango, Birne oder Zwiebeln – probier
einfach aus, was dir am besten schmeckt!

DIE KOCHTIMELINE FÜR 6 FREUNDE

Finish – kurz vor dem Servieren (10 Min.)
   • Den Käse auf einem großen Holzbrett arrangieren. Die Feigen waschen,
halbieren und zusammen mit den Beeren um den Käse herum legen. Apfel-
Senf-Sauce auf kleine Schälchen verteilen. Zum Schluss die Baguettebrote in
Scheiben schneiden und in eine Brotschale geben.

Servieren – ab auf den Tisch
   • Das Käsebrett zusammen mit den Saucen-Schälchen und der Brotschale
auf den gedeckten Beef-and-BBQ-Esstisch stellen, fertig.

EIN GRILLABEND IN DER KÜCHE –
NICHTS LEICHTER ALS DAS!

Vergiss das Herumfackeln mit Kohleanzünder & Co. Ein Grillfest klappt auch in den eigenen vier Wänden! Alles, was du dafür brauchst, findest du in diesen Listen.

TELLERKLAPPERN ...

Beim Grillen läuft allen das Wasser im Mund zusammen. Gut, wenn der Tisch dann schon fertig gedeckt und alles zum Essen bereit ist!

So deckst du für 6 Leute:

je 6 Steakmesser und Gabeln
je 6 Kuchengabeln und kleine Messer (für den Käse)
6 große, flache Teller
6 Salatteller oder flache Bowls (für den Cole Slaw)
6 Dessertteller (für den Käse)
6 Espressotassen und -löffel
je 6 Wasser- und Biergläser
6 Whiskeygläser
je 6 Rot- und Weißweingläser
4 große Servierplatten
1 Schüssel für den Cole Slaw
1 Schüssel (für die Limetten-Guacamole)
1 kleiner Teller für die Kräuterbutter
1 großes Holzbrett (für die Käseplatte)
6 Stoff- oder Papierservietten

... GLÄSERKLIRREN

Ein kleiner Drink vorweg, dann Wasser, Bier oder Wein – anything goes!

Die Getränkeliste für 6 Leute:

1 Flasche Whiskey (z. B. Bourbon) und die Zutaten für Whiskey Sour (s. Tipp)
12–14 Flaschen Bier
3–4 Flaschen trockener Wein (Rot- und Weißwein)
8–12 Flaschen Wasser (mit und ohne Kohlensäure)
Espresso

Tipps zu den Drinks

Passend als Aperitif ist ein Whiskey Sour. Dafür brauchst du außer Whiskey auch noch Zitronensaft, Puderzucker und Zuckersirup – und natürlich Eiswürfel. Vielleicht kennt sich unter deinen Gästen jemand mit Cocktails aus und bringt alles mit? Perfekt!
Falls du keine Biergläser hast: Zum BBQ-Style passt auch Bier aus der Flasche.

EINKAUFSLISTE

*Du bekommst alles, was du brauchst, im Supermarkt. Aber
für Käse und Entrecôte ist die Auswahl und Beratung beim
Fachhändler natürlich optimal. Also nichts wie hin!*

Obst- und Gemüseabteilung

1 kg Weißkohl
1 rote Zwiebel
½ Bund Frühlingszwiebeln
8 Knoblauchzehen
900 g Kirschtomaten
1 gelbe Paprika
2 rote Paprika
1 Aubergine
2 Zucchini
4 reife Avocados
6 frische rote Chilischoten
3 säuerliche Äpfel
½ Ananas
6 frische Feigen
300 g frische gemischte Beeren
1 Stück frischer Ingwer (ca. 1 cm lang)
1 Zitrone
2 Limetten
½ Bund Petersilie
10 Zweige Thymian (oder im Topf)
10 Zweige Rosmarin (oder im Topf)

Feinkost, Gewürze & Co.

250 ml + 8 EL + 4 TL Olivenöl
3 EL Sonnenblumenöl
Schwarzer Pfeffer aus der Mühle
Feines Meersalz
1 EL gemahlene Kurkuma
½ TL Steak-Gewürzmischung
1 EL mittlescharfer Senf
1 Tube Wasabipaste
200 ml Apfel-Senf-Sauce (ersatzweise Feigen-Senf-Sauce)
3 Baguettes (frisch oder zum Aufbacken)
6 EL Zitronensaft
3 EL Mayonnaise

Molkereiprodukte

200 g Butter
3 EL saure Sahne
6 Stücke Käse nach Wahl (à ca. 150 g)

Fleisch

6 Scheiben Entrecôte, ca. 2 cm dick

TK-Produkte

*36 große, küchenfertige Garnelen
(ohne Schale und Darm)*

Küchenutensilien

*12 Holzspieße, 10 cm lang
(für die Garnelenspieße)*

 Gut geplant

Für optimales Timing: Alle Zutaten am
besten zwei Tage vor dem Kochevent
einkaufen! Und nimm eine Kühltasche mit,
damit die Garnelen beim Transport
gefroren bleiben.
Wenn bei manchen Zutaten die handelsübliche Packung größer ist, als die Menge,
die du brauchst, ist das nicht schlimm.
Dann hast du Vorrat!

FUNKY FUSION KITCHEN

All you can eat! Einmal rund um die Welt mit den Top Stars des global Food – von feuriger Chorizo bis Papaya-Chutney, von Wildlachs bis Crème brûlée – mit der Timeline der Rezepte quasi in Überschall-Zeit!

Startschuss: Samtige Bohnen und knusprige Chorizo – im Schnelldurchlauf ist der Salat genussfertig am Ziel. Und geschmacklich sowieso der Winner!

Fisch auf den Tisch: Der Wildlachs braucht gerade mal 15 Minuten. Das Papaya-Chutney bereitest du locker am Vortag zu. Und der Kräutersalat? Eine Sache von Minuten!

»Fusionküche« heißt für mich:
ein kreativer Mix verschiedener Stile,
ganz nach Lust und Laune. Kochen in
Freestyle-Manier!

Be prepared: Einmal vorgekocht, ist die Suppe allzeit bereit für das Finish. Du stellst
sie über Nacht in den Kühlschrank und heizt ihr kurz
vor dem Servieren einfach
nochmal ordentlich ein!

East meets West: Französischer Klassiker trifft orientalische Würze – das Dreamteam
mit dem Besten aus zwei Wel-
ten mag es kühl – du kannst
es abends vorbereiten und
über Nacht kaltstellen.

Dunkel und schmelzend zart:
Echt eine Versuchung wert ist das
chinesisch inspirierte Gericht mit
Schweinefleisch – superzart und
höchst aromatisch!

FUNKY FUSION KITCHEN –
ERLAUBT IST, WAS SCHMECKT!

Mix and match! Fusionsküche ist für jeden, der gern kocht, ein großer Spaß. Man kann ein biss-chen verspielt sein, kreative Kombinationen ausprobieren, sich von den Jahreszeiten inspirieren lassen und von den Küchen anderer Länder. Das Ergebnis? Ist überraschend!

Freestyle kochen – klingt kompliziert, ist aber die einfachste Sache der Welt! Weil alles möglich ist, was schmeckt! Kombiniert wird rund um den Globus, von Asien bis Europa, vom Orient bis in den Norden. Das Ergebnis ist ein Menü, bei dem alles zusammenkommt, was Freude macht: Crunch trifft auf Cremiges, Heißes auf Kühles, Mildes auf Würziges. Ein Fest der Düfte und Aromen – über alle Grenzen hinweg.

Wenn du alleine kochst

Anspruchsvoll an dem Menü ist nur der fantastische Geschmack der Gerichte! Das Kochen selber ist so einfach, dass du alles entspannt alleine schaffst, wenn du möchtest. Wichtig ist nur, dass du dir vorher überlegst, welche Qualität du für Wildlachs und Jakobsmuscheln bevorzugst: TK-Ware oder vom Fischhändler? Bei TK kannst du alles zusammen mit den anderen Zutaten zwei Tage vorher im Supermarkt kaufen. Frische Ware holst du erst am Tag des Dinners. Das war's aber auch schon mit der Ausnahme! Ansonsten funktioniert das Fusion Table Dinner wie alle anderen in dem Buch: Es enthält nur Rezepte, bei denen du schon am Tag vorher etwas vorbereiten kannst. Das spart dir und deinen Gästen am Dinnerabend viel Zeit. Und die Zutaten können entsprechend abkühlen, ruhen oder durchziehen. Schau dir einfach vorher die Kochtimeline der Rezepte genau an – dann siehst du unter dem Punkt »Kochen«, was sich gut vorbereiten lässt, etwa der Salat, die Suppe, der Schweinebauch und die Crème Brûlée für den Nachtisch.

Gut geplant

Salat und Suppe, Fisch, Fleisch und Dessert – alles gleichzeitig fertig und auf dem Tisch: mit der Timeline der Rezepte kein Problem! Vom Wildlachs über das glasierte Schweinefleisch bis zur Crème Brûlée ist jedes Rezept so getaktet, dass es leicht vorzubereiten und unkompliziert zu kochen ist. Einfach nur den Rezeptvorgaben folgen, dann geht nichts schief!

Wenn ihr zusammen kocht

Falls ihr Zeit und Lust habt, könnt ihr das Menü auch alle bei dir kochen – dann kümmert sich jeder Gast um ein Gericht, und wenn ihr fertig seid, sind gerade mal gute zwei Stunden vergangen. Oder du bereitest schon ein bisschen was vor und ihr macht am Dinnerabend zusammen nur noch das Finish. Dann schiebt ihr am besten zuallererst den Schweinebauch ins Rohr, der braucht eine halbe Stunde, um fertig zu braten. In der Zwischenzeit erwärmt ihr die Suppe, stellt die Salate fertig, dünstet den Pak Choi, bratet Chorizo, Jakobsmuscheln und Wildlachs in der Pfanne und flämmt fürs Dessert die Crème Brûlée ab.

Tisch 10
Planung

Diese Rezepte können deine Freunde vorbereiten und mitbringen

Einfach die Rezepte mit der Zutatenliste scannen und verschicken!

- Den Salat mit weißen Bohnen und Stangensellerie – und die Chorizo am Stück. Das Finish dazu macht ihr bei dir
- Das Papaya-Chutney für das Wildlachs-Gericht

Ihr wollt alles zusammen kochen?

Dann kannst du das zu Hause schon mal vorbereiten:

Zwei Tage vorher:

- Rezepte scannen, an Freunde schicken – Vorfreude steigert den Appetit!
- Einkaufsliste scannen und alles einkaufen (wenn nicht TK: bis auf Wildlachs und Muscheln)

Einen Tag vorher:

- Für jedes Rezept die Zutaten wie beschrieben vorbereiten
- Alle Zutaten passend zu den Rezepten sortieren und so lagern, dass ihr am nächsten Tag beim Kochen für jedes Gericht alles mit einem Griff parat habt
- Bohnen-Sellerie-Salat (bis auf die Chorizo-Würfel) zubereiten und über Nacht kühl stellen
- Den Suppenfond für die Spinatsuppe vorkochen und über Nacht kühlen
- Den Schweinebauch kochen, abkühlen lassen und kalt stellen (ihr spart dadurch am Abend des Dinners fast eine Stunde Garzeit!)
- Die Crème Brûlée stocken lassen und anschließend im Kühlschrank kalt stellen
- Alles zum Tischdecken bereitstellen (s. S. 206)
- Getränke kühlen und Eiswürfel bereithalten

Am Tag des Fusion Dinners bzw. wenn alle da sind:

- Frische Jakobsmuscheln und frischen Wildlachs beim Fischhändler kaufen
- Festlegen: Wer macht was? (Jeder übernimmt ein Gericht)
- Wer kein Rezept kocht, versorgt alle mit Getränken und kümmert sich ums Tischdecken

DESSERT:
ARABIAN FREESTYLE-CRÈME-BRÛLÉE

Hier fusioniert orientalische Finesse mit französischer Raffinesse – ein starkes Team, das beweist:
Kreativität kennt eben keine Grenzen!

Für die Crème
500 g Sahne
140 ml Milch
6 Eigelb (M)
100 g Zucker
1 Vanilleschote
12 TL arabische Zuckermischung
  (Gewürzladen; s. Tipp)
6 Datteln (entsteint)

Außerdem
6 Crème-Brûlée-Schälchen für
  mind. 150 ml Flüssigkeit
1 große breite Auflaufform
Bunsenbrenner

Good to know

»Arabische Zuckermischung« ist eine
Gewürzkomposition aus Zucker, Vanille,
Kardamom, Gewürznelken, Muskat und
Zimt. Man findet sie in gut sortierten
Supermärkten oder in der Feinkostabtei-
lung von Kaufhäusern. Je nach Marke,
kann die Zusammenstellung der Gewürz-
komponenten ein bisschen variieren. Der
typisch orientalische Geschmack aber ist
unverkennbar – und passt auch sehr gut
zum Espresso! Wenn du keine fertige
Mischung bekommst, kannst du dir auch
eine im Mörser selber mischen (und kaufst
dafür einfach die einzelnen Gewürze).

DIE KOCHTIMELINE FÜR 6 FREUNDE

Kochen – am Vortag (10 Min. + 20 Min. Ruhen + 50 Min. Garen)
• Für die Crème die Sahne, die Milch und die Eigelbe in eine Schüssel geben
und gut verrühren. Den Zucker einrühren. Vanilleschote längs aufschneiden
und das Mark mit einem spitzen Messer herauskratzen. Das Vanillemark zur
Sahnemischung geben und diese 20 Min. durchziehen lassen.

• In der Zwischenzeit den Backofen auf 150° vorheizen und Wasser im Was-
serkocher aufkochen. Die Crème-Brûlée-Schälchen in eine Auflaufform stellen
und mit der Sahnemischung maximal 3 cm hoch befüllen. Das heiße Wasser
in die Auflaufform gießen, sodass die Schälchen mindestens zur Hälfte im
Wasser stehen. Crème Brûlée im heißen Ofen (Mitte) in ca. 50 Min. stocken
lassen, dann auskühlen lassen und über Nacht in den Kühlschrank stellen.

Finish – kurz vor dem Servieren (5 Min.)
• Die Crème Brûlée aus dem Kühlschrank nehmen und gleichmäßig mit je
2 TL arabischem Zucker bestreuen. Den Zucker mit dem Bunsenbrenner langsam und gleichmäßig überflammen, bis eine schöne goldgelbe Kruste entsteht.

Servieren – ab auf den Tisch
• Crème Brûlées mit je 1 Dattel garnieren und auf den Tisch stellen.

ZU LANDE:
SCHWEINEBAUCH MIT PAK CHOI

Mit Dunkelbier, Sojasauce und Honig glasiert, bekommt das Fleisch eine tief glänzende, samtig schimmernde Farbe. Sieht hinreißend aus. Und schmeckt auch so!

Für den Schweinebauch

600 g Schweinebauch mit Schwarte
Salz
2 weiße Zwiebeln
5 Nelken
4 Lorbeerblätter

Für die Glasur

5 EL flüssiger Honig
300 ml dunkles Bier
5 EL Sojasauce

Für den Pak Choi

1,2 kg Pak Choi
1 Knoblauchzehe
2 frische rote Chilischoten
3 EL Sonnenblumenöl
60 ml Gemüsebrühe
4 EL Sojasauce
5 EL Austernsauce
2 EL Fischsauce
½ Bund Koriandergrün
1 EL heller Sesam

Take it easy!

Wenn du etwas Mühe hast, Pak Choi aufzutreiben, nur die Ruhe! Du kannst auch zu Mangold greifen. Und Chinakohl ist ebenfalls eine gute Alternative.

DIE KOCHTIMELINE FÜR 6 FREUNDE

Kochen – am Vortag (15 Min. + 40 Min. Garen)

• Für den Schweinebauch das Fleisch kalt abspülen und in einen großen Topf geben. Das Fleisch mit kaltem Salzwasser bedecken. Zwiebeln schälen, mit den Nelken und Lorbeerblättern spicken – dafür die Lorbeerblätter mit den Nelken in der Zwiebel festpieksen – und zum Schweinebauch geben. Das Salzwasser zum Kochen bringen und das Fleisch zugedeckt bei mittlerer Hitze ca. 40 Min. garen. Dann den Schweinebauch herausnehmen und die Haut mit einem scharfen Messer rautenförmig einritzen. Den Schweinebauch auskühlen lassen und zugedeckt über Nacht in den Kühlschrank stellen.

Finish – kurz vor dem Servieren (30 Min. + 30 Min. Garen)

• Den Backofen auf 200° vorheizen. Den Honig, das Bier und die Sojasauce für die Glasur in einen Topf geben und aufkochen. Den Schweinebauch mit der Schwarte nach oben auf ein Backblech legen und im heißen Ofen (Mitte) ca. 30 Min. garen, dabei alle 5 Min. mit der Bier-Glasur bestreichen.

• In der Zwischenzeit den Pak Choi waschen, vom Strunk befreien und in grobe Stücke schneiden. Den Knoblauch schälen und hacken. Chilischoten halbieren, von Kernen befreien, waschen und fein hacken. Öl im Wok oder in einer großen Pfanne erhitzen und Knoblauch und Chilistückchen darin bei mittlerer Hitze anschwitzen. Den Pak Choi dazugeben und mit der Brühe ablöschen. Pak Choi mit Soja-, Austern- und Fischsauce abschmecken. Das Koriandergrün waschen, trocken schütteln und die Blättchen samt der feinen Stiele hacken. Den Schweinebauch aus dem Ofen nehmen, kurz ruhen lassen und mit einem scharfen Messer quer zur Faser in feine Streifen schneiden.

Servieren – ab auf den Tisch

• Das Gemüse auf einer Platte anrichten, mit den Schweinebauchstreifen belegen und mit Koriander und Sesam bestreut auftischen.

AUS DEM SUPPENTOPF:
SPINATSUPPE MIT JAKOBSMUSCHELN

Dreiländer-Date: Französische Muscheln, Limonenöl aus Italien und Spinat aus Deutschland liefern sich einen heftigen Flirt im Suppentopf – heiße Sache!

12 küchenfertige Jakobsmuscheln
  (TK oder frisch)
400 g TK-Spinat
300 g mehligkochende Kartoffeln
2 weiße Zwiebeln
1 Stück frischer Ingwer (ca. ½ cm lang)
1 Knoblauchzehe
6 EL Sonnenblumenöl
100 ml Weißwein (z. B. Chardonnay)
800 ml Gemüsebrühe
200 g Sahne
1 frische rote Chilischote
10 g Matcha-Pulver
Salz
Pfeffer
2 EL Limonenöl

Good to know

Wenn du richtig zarte, frische Jakobsmuscheln verwenden möchtest, lohnt sich der Weg zum Fischhändler. Hier wirst du gut beraten, bekommst beste Qualität, die auf der Zunge zergeht – und kannst dir der Ahs! und Ohs! der Gäste sicher sein. TK-Ware tut's aber zur Not auch.

DIE KOCHTIMELINE FÜR 6 FREUNDE

Kochen – am Vortag (15 Min. + 15 Min. Garzeit)

• TK-Jakobsmuscheln und -Spinat getrennt voneinander jeweils in eine Schüssel geben und zugedeckt über Nacht im Kühlschrank auftauen lassen.

• Kartoffeln waschen, schälen und würfeln. Zwiebeln, Ingwer und Knoblauchzehe schälen und in grobe Würfel schneiden. 3 EL Öl in einem hohen Bräter erhitzen und alle drei Zutaten darin anschwitzen. Weißwein, Gemüsebrühe und Sahne dazugeben und aufkochen lassen. Dann die Kartoffelwürfel dazugeben und zugedeckt in der Brühe bei mittlerer Hitze in 10–15 Min. gar kochen. Die Suppe mit dem Pürierstab pürieren, auskühlen lassen und zugedeckt über Nacht in den Kühlschrank stellen.

Finish – kurz vor dem Servieren (15 Min.)

• Die Chilischote waschen, im Ganzen zusammen mit dem Spinat und dem Matcha-Pulver in einen hohen Rührbecher geben und mit dem Pürierstab fein pürieren. Dann den Fond vom Vortag aufkochen.

• Jakobsmuscheln mit Küchenpapier abtupfen. Restliches Sonnenblumenöl in einer Pfanne erhitzen, die Muscheln darin von beiden Seiten goldgelb anbraten und mit Salz und Pfeffer abschmecken.

• Erst kurz vor dem Servieren die Spinatmasse zum Fond geben und die Suppe nochmals fein pürieren. Die Suppe mit Salz und Pfeffer abschmecken.

Servieren – ab auf den Tisch

• Die Suppe im Topf auf den Esstisch stellen – Suppenkelle nicht vergessen. In sechs Suppenschalen jeweils 2 Jakobsmuscheln legen und diese mit etwas Limonenöl beträufeln. Jeder schöpft sich Suppe dazu, so viel er will.

SALAT:
BOHNEN-SELLERIE-SALAT MIT CHORIZO

Nice to meet you! In der Salatschüssel treffen samtige weiße Bohnen auf knackigen Sellerie und fruchtige Paprikastückchen auf krosse Chorizo-Würfel – Gegensätze ziehen sich an!

Für den Salat

600 g weiße Bohnen (aus der Dose)
½ Stange Staudensellerie
1 rote Paprika
1 gelbe Paprika
600 g Chorizo (am Stück)
½ Bund frische Petersilie

Für das Dressing

1 Orange
4 EL Olivenöl
4 EL Weißweinessig
Salz
Pfeffer

Good to know

Was für Italien die Salami, ist für Spanien und Portugal die Chorizo – eine luftgetrocknete Wurst aus Schweinefleisch, kräftig gewürzt mit Knoblauch und viel Paprikapulver. Das passt natürlich perfekt zur Gemüsepaprika im Salat – und entwickelt beim Braten in der Pfanne ein unwiderstehliches Aroma!

DIE KOCHTIMELINE FÜR 6 FREUNDE

Kochen – am Vortag (10 Min.)

• Für den Salat die Bohnen in ein Sieb abgießen, kalt abbrausen, abtropfen lassen und in eine große Schüssel geben. Den Sellerie waschen, putzen, in ½ cm große Würfel schneiden und dazugeben. Die Paprika halbieren, von Kernen und Trennwänden befreien, waschen, ebenfalls in ½ cm große Würfel schneiden und zu Bohnen und Sellerie in die Schüssel geben.

• Für das Dressing die Orange auspressen. Olivenöl, Essig und Orangensaft zum Salat in die Schüssel geben, alles gut durchmischen und mit Salz und Pfeffer abschmecken. Den Salat zugedeckt über Nacht in den Kühlschrank stellen und bis zum Party-Abend durchziehen lassen.

Finish – kurz vor dem Servieren (5 Min.)

• Eine große Pfanne erhitzen. Die Chorizo von der Haut befreien und in 1 cm große Würfel schneiden. Die Würfel in der Pfanne kross anbraten und dann auf einer Lage Küchenpapier abtropfen lassen. Die Petersilie waschen, trocken schütteln, Blättchen abzupfen und diese in feine Streifen schneiden. Petersilie zum Salat geben und diesen nochmals gut durchmischen.

Servieren – ab auf den Tisch

• Den Salat in zwei flache mittelgroße Schüsseln füllen, mit der noch lauwarmen Chorizo bestreuen und auf dem Tisch platzieren.

ZU WASSER:
GEBRATENER WILDLACHS MIT KRÄUTERSALAT

Das junge Grün des Wildkräutersalats, dazu Lachsrosa und leuchtendes Papaya-Orange –
aber hallo: Farblich wie geschmacklich geht da die Sonne auf!

Für das Chutney

2 Limetten
2 vollreife Papayas
4 EL scharfes Chiliöl

Für den Kräutersalat

900 g Kräutersalat
3 EL Olivenöl
4 EL Weißweinessig
Salz
Pfeffer

Für den Wildlachs

6 Stücke Wildlachsfilet (à 180 g;
*   TK oder frisch)*
1 Zitrone
4 EL Sonnenblumenöl
Salz
Pfeffer

DIE KOCHTIMELINE FÜR 6 FREUNDE

Kochen – am Vortag (5 Min.)
   • Falls ihr TK-Wildlachs verwendet, die Filets auf einen Teller legen und zugedeckt über Nacht im Kühlschrank auftauen.
   • Für das Chutney die Limetten auspressen. Die Papayas schälen, halbieren,
die Kerne mit einem Löffel herauskratzen, das Fruchtfleisch in ½ cm große
Würfel schneiden und in eine Schüssel geben. Das Chiliöl und den Limettensaft zu den Papayawürfeln geben. Das Chutney gut durchmischen und zugedeckt über Nacht im Kühlschrank durchziehen lassen.

Finish – kurz vor dem Servieren (15 Min. + 10 Min. Garzeit)
   • Den Backofen auf 200° vorheizen. Die Zitrone auspressen. Das Öl in einer
großen Pfanne erhitzen und die Wildlachsfilets darin von beiden Seiten goldgelb anbraten. Den Fisch mit Salz, Pfeffer und Zitronensaft würzen und in der
Pfanne im heißen Ofen (Mitte) 5–10 Min. nachziehen lassen.
   • In der Zwischenzeit den Kräutersalat waschen, trocken schleudern und in
eine große Salatschüssel geben. Das Olivenöl, Weißweinessig, Salz und Pfeffer
dazugeben und den Salat gut durchmischen.

Servieren – ab auf den Tisch
   • Den Salat auf den Esstisch stellen. Den Fisch auf einer großen Platte anrichten und das Chutney darüber verteilen, fertig.

Good to know

Wildlachs unterscheidet sich von her-
kömmlichem Zuchtlachs durch seine
Herkunft und die Art des Heranwachsens.
Nur Lachse, die bis zu fünf Jahre vollkommen frei und wild im Nordatlantik lebten,
dürfen als Wildlachs bezeichnet werden.
Oft wird die Fischart vor der westirischen
Küste gefangen. Anders als Zuchtlachs
oder Wildwasserlachs schmeckt sein
Fleisch ungleich buttriger und meeres-
frischer. Eine seltene Delikatesse, für
die sich der höhere Preis lohnt!

ALLES IN BUTTER!
SO LAUFEN DEINE VORBEREITUNGEN FÜR DEN FUSION TABLE WIE GESCHMIERT

Fusion Kitchen lebt vom Freestyle – auch bei den Vorbereitungen. Die folgenden Listen und Tipps erleichtern dir das Einkaufen und Organisieren. Der Rest ist Improvisation!

RAUF DAMIT!

Was sein muss, muss sein: Ein paar Dinge gehören zum entspannten Genießen unbedingt auf den Tisch – mehr aber auch nicht. Tolles Essen ist immer noch die schönste Deko!

So deckst du für 6 Leute:

je 6 Messer, Gabeln, Suppenlöffel
6 Dessertlöffel
6 große, flache Teller
6 Suppenteller
6 Salad Bowls
6 Sektgläser
6 Wassergläser
je 6 Weiß- und Rotweingläser
je 6 Schnapsgläser
je 6 Espressotassen und -löffel
Meersalz und Pfeffer aus der Mühle
1 große Servierplatte
3 Salatschüsseln
2 hitzebeständige Untersetzer
6 Stoff- oder Papierservietten

RUNTER DAMIT!

Ex und hopp: So schnell hast du alle Getränke beisammen!

Die Getränkeliste für 6 Leute:

1–2 Flaschen Cava (spanischer Sekt)
6–8 Flaschen Wasser (mit und ohne Kohlensäure)
Auswahl exotischer Fruchtsäfte (z. B. Ananas, Banane, Mango, Litschi)
je 3 Flaschen Weiß- und Rotwein (z. B. Chardonnay, Pinot Noir)
1 Flasche Edelbrand als Digestif (z. B. Marille, Nuss)
Espresso

Tipps zu den Drinks

Zur spanischen Chorizo im Salat eignet sich ein spanischer Sekt (Cava) als Aperitif. Die orientalischen Gewürze der Crème brûlée harmonieren perfekt mit Edelbränden als Digestif – z. B. einem aromatischen Walnuss- oder Haselnuss-Schnaps.

EINKAUFSLISTE

*Natürlich kannst du fürs Fusion-Menü in den Supermarkt
zum Einkaufen gehen. Wenn du für Wildlachs, Muscheln
und Fleisch aber besondere Qualität suchst, kann dir der
Fachhändler weiterhelfen!*

Obst- und Gemüseabteilung

300 g mehligkochende Kartoffeln
4 weiße Zwiebeln
2 Knoblauchzehen
3 frische rote Chilischoten
1 rote Paprika
1 gelbe Paprika
½ Stange Staudensellerie
1,2 kg Pak Choi (ersatzweise Mangold)
900 g Kräutersalat (ersatzweise Rucola)
2 reife Papayas
1 Orange
1 Zitrone
2 Limetten
6 Datteln
1 Stück frischer Ingwer (ca. ½ cm lang)
½ Bund Koriandergrün
½ Bund Petersilie

Feinkost, asiatische Zutaten, Gewürze & Co.

13 EL Sonnenblumenöl
7 EL Olivenöl
2 EL Limonenöl
4 EL scharfes Chiliöl
8 EL Weißweinessig
Schwarzer Pfeffer aus der Mühle
feines Meersalz
9 EL Sojasauce
2 EL Fischsauce
5 EL Austernsauce
860 ml Gemüsebrühe (Instant oder Glas)
1 EL heller Sesam
4 Lorbeerblätter
5 Nelken
12 TL arabische Zuckermischung
   (Gewürzregal oder Fachgeschäft)
10 g Matcha-Pulver
600 g weiße Bohnen (Dose; abgetropft)
5 EL flüssiger Honig
300 ml dunkles Bier
100 ml Weißwein

Backzutaten

100 g Zucker
1 Vanilleschote

Kühlregal, Molkereiprodukte und Eier

6 Eier (M)
700 g Sahne
140 ml Milch

Fleisch und Wurstwaren

600 g Schweinebauch mit Schwarte
600 g Chorizo am Stück

TK-Produkte

400 g Blattspinat
12 küchenfertige Jakobsmuscheln
   (oder vom Fischhändler)
6 Stücke Wildlachsfilet à 180 g
   (oder vom Fischhändler)

Fisch und Meeresfrüchte

12 küchenfertige Jakobsmuscheln (oder TK)
6 Stücke Wildlachsfilet à 180 g (oder TK)

Küchenutensilien

Bunsenbrenner
6 Crème-Brûlée-Schälchen für
   mindestens 150 ml Flüssigkeit
1 große breite Auflaufform

 Gut geplant

Falls du bei Lachs und Jakobsmuscheln
auf TK-Ware zurückgreifen möchtest,
kannst du alles zwei Tage vor dem
Kochevent einkaufen. Wenn du zum
Fischhändler gehst, kaufst du Muscheln
und Fisch erst am Tag des Dinners. Nimm
auf jeden Fall eine Kühltasche mit, damit
Fisch und Meeresfrüchte beim Transport
kühl bleiben, respektive nicht auftauen!

REGISTER DER REZEPTE UND HAUPTZUTATEN

Hier sind neben den Rezeptnamen auch Hauptzutaten aufgelistet. Darunter findest du das Rezept deiner Wahl

A
Aioli 80
Ananas
   Cole Slaw mit Wasabi und Ananas 180
   Gebratener Reis mit Ananas 122
Apfel
   Apfel-Sellerie-Suppe mit Walnüssen 58
   Chili-Garnelen-Spieße mit Apfelspalten 178
   Waldorfsalat mit Cranberrys 40
Apfel-Senf-Sauce: Käsevariation mit Feigen und
   Beeren 184
Aprikosen, getrocknete: Zitronenhähnchen mit
   Feigen 136
Arabian Freestyle-Crème-Brûlée 196
Asiabowl mit Papayasalat und Nüssen 116
Auberginen
   Auberginen mit Joghurt und Zatar 142
   Caponata auf Insalata mista 22
   Grillgemüse mit Limetten-Guacamole 182
   Ratzfatz-Moussaka mit Auberginen 56
Aufschnitt, Italienischer 24
Avocado
   Sweet Potatoe Chips mit Guacamole 44
   Grillgemüse mit Limetten-Guacamole 182

B
Bananen mit Honig und Kokos, Gebackene 124
Basilikum: Schnelle Ricotta-Basilikum-Cannelloni 16
Beeren, gemischte
   Käsevariation mit Feigen und Beeren 184
   Vanillejoghurt im Glas mit Beeren 64
Berliner Currywurst mit scharfer Sauce 162
Bier: Schweinebauch mit Pak Choi 198
Bohnen, grüne
   Asiabowl mit Papayasalat und Nüssen 116
   Rheinischer Sauerbraten mit Bohnen 156
Bohnen, weiße: Bohnen-Sellerie-Salat mit Chorizo 202
Brandenburgische Soljanka 160
Bratenabschnitte: Brandenburgische Soljanka 160
Bresaola: Italienischer Aufschnitt 24

Brot/Brötchen
   Berliner Currywurst mit scharfer Sauce 162
   Chili-con-Carne-Hot-Dog mit Aioli 80
   Crostini mit Tomaten und Pinienkernen 62
   Käsevariation mit Feigen und Beeren 184
   Kurkuma-Hummus mit Fladenbrot 140
Bunte Vanille-Waffeln mit Schokolade 84
Buttermilch: Selbst gebackenes Gewürzbrot 96

C
Cannelloni: Schnelle Ricotta-Basilikum-Cannelloni 16
Caponata auf Insalata mista 22
Cheddar-Käse
   Chili-con-Carne-Hot-Dog mit Aioli 80
   New York Beef Burger mit Bacon 36
Chicken Caesar Star mit Parmesan 38
Chicorée: Caponata auf Insalata mista 22
Chili-con-Carne-Hot-Dog mit Aioli 80
Chili-Garnelen-Spieße mit Apfelspalten 178
Chorizo: Bohnen-Sellerie-Salat mit Chorizo 202
Cole Slaw mit Wasabi und Ananas 180
Cranberrys, getrocknete: Waldorfsalat mit Cranberrys 40
Crostini mit Tomaten und Pinienkernen 62
Currypaste
   Gemüse-Curry mit Hähnchenstreifen 120
   Kokos-Curry-Glasnudel-Suppe 82
   Kokossuppe mit Garnelen und Shiitake 118
Currywurst mit scharfer Sauce, Berliner 162

D
Datteln
   Arabian Freestyle-Crème-Brûlée 196
   Rinderstreifen mit Spargel und Datteln 76

E
Eier
   Arabian Freestyle-Crème-Brûlée 196
   Bunte Vanille-Waffeln mit Schokolade 84
   Chicken Caesar Star mit Parmesan 38
   Chili-con-Carne-Hot-Dog mit Aioli 80
   Karamell-Tiramisu 18
   Ratzfatz-Moussaka mit Auberginen 56

Sächsische Quarkkeulchen mit Kirschen 158
Salat Nizza Style im Becher 78
Schokoladen-Cupcakes 102
Selfmade Buns 34
Entrecôte mit Kirschtomaten 176
Espresso: Karamell-Tiramisu 18

F

Feigen, frisch
Italienischer Aufschnitt 24
Käsevariation mit Feigen und Beeren 184
Zitronenhähnchen mit Feigen 136
Feigen, getrocknet
Gewürzkuchen mit Mascarponecreme 138
Rinderstreifen mit Spargel und Datteln 76
Fenchel: Caponata auf Insalata mista 22
Fladenbrot: Kurkuma-Hummus mit Fladenbrot 140
Freestyle-Crème-Brûlée, Arabian 196
Frischkäse
Gewürzkuchen mit Mascarponecreme 138
New York Cheesecake mit Kirschsauce 42
Vanillejoghurt im Glas mit Beeren 64
Friséesalat: Caponata auf Insalata mista 22

G

Garnelen
Chili-Garnelen-Spieße mit Apfelspalten 178
Kokossuppe mit Garnelen und Shiitake 118
Gebackene Bananen mit Honig und Kokos 124
Gebratener Reis mit Ananas 122
Gebratener Wildlachs mit Kräutersalat 204
Gemüse
Gemüse-Curry mit Hähnchenstreifen 120
Grillgemüse mit Limetten-Guacamole 182
Geschmorte Möhren mit Granatapfel 104
Gewürzbrot, Selbst gebackenes 96
Gewürzgurken: Brandenburgische Soljanka 160
Gewürzkuchen mit Mascarponecreme 138
Glasnudeln: Kokos-Curry-Glasnudel-Suppe 82
Granatapfel
Geschmorte Möhren mit Granatapfel 104
Zitronenhähnchen mit Feigen 136
Grillgemüse mit Limetten-Guacamole 182
Guacamole 44
Gurke
Caponata auf Insalata mista 22
Chicken Caesar Star mit Parmesan 38
New York Beef Burger mit Bacon 36
Salat Nizza Style im Becher 78

H

Hähnchenbrustfilet
Chicken Caesar Star mit Parmesan 38
Gemüse-Curry mit Hähnchenstreifen 120
Zitronenhähnchen mit Feigen 136
Hirtenkäse: Geschmorte Möhren mit Granatapfel 104
Honig: Gebackene Bananen mit Honig und Kokos 124
Hot-Dog-Brötchen: Chili-con-Carne-Hot-Dog mit Aioli 80
Hot-Dog-Würstchen: Chili-con-Carne-Hot-Dog mit Aioli 80
Hummus: Wraps mit Schinken und Mango-Chutney 60
Hummus mit Fladenbrot, Kurkuma- 140

I

Insalata mista 22
Italienischer Aufschnitt 24

J

Jakobsmuscheln: Spinatsuppe mit Jakobsmuscheln 200
Joghurt
Auberginen mit Joghurt und Zatar 142
Vanillejoghurt im Glas mit Beeren 64
Waldorfsalat mit Cranberrys 40

K

Karamell-Tiramisu 18
Kardamomkapseln: Miesmuscheln im Kardamomfond 144
Kartoffeln
Paprika mit Kartoffel-Oliven-Füllung 98
Ratzfatz-Moussaka mit Auberginen 56
Sächsische Quarkkeulchen mit Kirschen 158
Salat Nizza Style im Becher 78
Spinatsuppe mit Jakobsmuscheln 200
Thunfischeintopf mit Weißwein 14
Käsevariation mit Feigen und Beeren 184
Kichererbsen: Kurkuma-Hummus mit Fladenbrot 140
Kidneybohnen: Chili-con-Carne-Hot-Dog mit Aioli 80
Kirschen
New York Cheesecake mit Kirschsauce 42
Sächsische Quarkkeulchen mit Kirschen 158
Kokosmilch
Gemüse-Curry mit Hähnchenstreifen 120
Kokos-Curry-Glasnudel-Suppe 82
Kokossuppe mit Garnelen und Shiitake 118
Kokosraspel: Gebackene Bananen mit Honig und Kokos 124
Kräuter: Gebratener Wildlachs mit Kräutersalat 204
Kurkuma-Hummus mit Fladenbrot 140

Kuvertüre
    Bunte Vanille-Waffeln mit Schokolade 84
    Schokoladen-Cupcakes 102

L

Lachs: Gebratener Wildlachs mit Kräutersalat 204
Letscho: Brandenburgische Soljanka 160
Limetten
    Gebratener Reis mit Ananas 122
    Gebratener Wildlachs mit Kräutersalat 204
    Gemüse-Curry mit Hähnchenstreifen 120
    Gewürzkuchen mit Mascarponecreme 138
    Grillgemüse mit Limetten-Guacamole 182
    Kokos-Curry-Glasnudel-Suppe 82
    Kokossuppe mit Garnelen und Shiitake 118
    Limetten-Guacamole 182
Löffelbiskuits
    Karamell-Tiramisu 18
    New York Cheesecake mit Kirschsauce 42
Löwenzahnsalat, Saarländischer 164

M

Mandeln: Gewürzkuchen mit Mascarponecreme 138
Mango: Gemüse-Curry mit Hähnchenstreifen 120
Mango-Chutney: Wraps mit Schinken und Mango-
    Chutney 60
Mascarpone
    Gewürzkuchen mit Mascarponecreme 138
    Karamell-Tiramisu 18
Mehl
    Bunte Vanille-Waffeln mit Schokolade 84
    Gebackene Bananen mit Honig und Kokos 124
    Gewürzkuchen mit Mascarponecreme 138
    Pizzette mit Rucola 20
    Sächsische Quarkkeulchen mit Kirschen 158
    Schokoladen-Cupcakes 102
    Selbst gebackenes Gewürzbrot 96
    Selfmade Buns 34
Melone: Italienischer Aufschnitt 24
Miesmuscheln im Kardamomfond 144
Milch
    Arabian Freestyle-Crème-Brûlée 196
    Bunte Vanille-Waffeln mit Schokolade 84
    Ratzfatz-Moussaka mit Auberginen 56
Möhren
    Asiabowl mit Papayasalat und Nüssen 116
    Gebratener Reis mit Ananas 122
    Geschmorte Möhren mit Granatapfel 104
    Gewürzkuchen mit Mascarponecreme 138

    Rheinischer Sauerbraten mit Bohnen 156
    Wraps mit Schinken und Mango-Chutney 60
Mortadella: Italienischer Aufschnitt 24
Mozzarella: Pizzette mit Rucola 20

N

New York Beef Burger mit Bacon 36
New York Cheesecake mit Kirschsauce 42
Nüsse
    Apfel-Sellerie-Suppe mit Walnüssen 58
    Asiabowl mit Papayasalat und Nüssen 116
    Gewürzkuchen mit Mascarponecreme 138
    Vanillejoghurt im Glas mit Beeren 64
    Waldorfsalat mit Cranberrys 40
    Zucchinisuppe mit Karamellnüssen 100

O

Oliven
    Caponata auf Insalata mista 22
    Italienischer Aufschnitt 24
    Paprika mit Kartoffel-Oliven-Füllung 98
    Salat Nizza Style im Becher 78
Orange
    Bohnen-Sellerie-Salat mit Chorizo 202
    Gewürzkuchen mit Mascarponecreme 138

P

Pak Choi: Schweinebauch mit Pak Choi 198
Papaya
    Asiabowl mit Papayasalat und Nüssen 116
    Gebratener Wildlachs mit Kräutersalat 204
Paprika
    Bohnen-Sellerie-Salat mit Chorizo 202
    Gebratener Reis mit Ananas 122
    Gemüse-Curry mit Hähnchenstreifen 120
    Grillgemüse mit Limetten-Guacamole 182
    Paprika mit Kartoffel-Oliven-Füllung 98
    Salat Nizza Style im Becher 78
    Schnelle Ricotta-Basilikum-Cannelloni 16
Parmaschinken: Italienischer Aufschnitt 24
Parmesan
    Chicken Caesar Star mit Parmesan 38
    Ratzfatz-Moussaka mit Auberginen 56
Pecorino: Schnelle Ricotta-Basilikum-Cannelloni 16
Pilze
    Gemüse-Curry mit Hähnchenstreifen 120
    Kokossuppe mit Garnelen und Shiitake 118

Pinienkerne
    Crostini mit Tomaten und Pinienkernen 62
    Rinderstreifen mit Spargel und Datteln 76
Pizzette mit Rucola 20
Pommes frites: Chili-con-Carne-Hot-Dog mit Aioli 80

Q

Quark
    New York Cheesecake mit Kirschsauce 42
    Sächsische Quarkkeulchen mit Kirschen 158

R

Radicchio: Caponata auf Insalata mista 22
Ratzfatz-Moussaka mit Auberginen 56
Reis mit Ananas, Gebratener 122
Rheinischer Sauerbraten mit Bohnen 156
Ricotta-Basilikum-Cannelloni, Schnelle 16
Rindfleisch
    Chili-con-Carne-Hot-Dog mit Aioli 80
    Entrecôte mit Kirschtomaten 176
    New York Beef Burger mit Bacon 36
    Ratzfatz-Moussaka mit Auberginen 56
    Rheinischer Sauerbraten mit Bohnen 156
    Rinderstreifen mit Spargel und Datteln 76
Römersalat
    Chicken Caesar Star mit Parmesan 38
    New York Beef Burger mit Bacon 36
    Wraps mit Schinken und Mango-Chutney 60
Rosinen
    Rheinischer Sauerbraten mit Bohnen 156
    Sächsische Quarkkeulchen mit Kirschen 158
Rucola: Pizzette mit Rucola 20

S

Saarländischer Löwenzahnsalat 164
Sächsische Quarkkeulchen mit Kirschen 158
Sahne
    Apfel-Sellerie-Suppe mit Walnüssen 58
    Arabian Freestyle-Crème-Brûlée 196
    Karamell-Tiramisu 18
    New York Cheesecake mit Kirschsauce 42
    Spinatsuppe mit Jakobsmuscheln 200
    Zucchinisuppe mit Karamellnüssen 100
Salami
    Brandenburgische Soljanka 160
    Italienischer Aufschnitt 24
Salat Nizza Style im Becher 78
Salsa-Dip: Chili-con-Carne-Hot-Dog mit Aioli 80

Sardellen: Chicken Caesar Star mit Parmesan 38
Sauerbraten mit Bohnen, Rheinischer 156
Saure Sahne
    Schokoladen-Cupcakes 102
    Vanillejoghurt im Glas mit Beeren 64
    Zucchinisuppe mit Karamellnüssen 100
Schafskäse (Feta): Salat Nizza Style im Becher 78
Schinken
    Brandenburgische Soljanka 160
    Wraps mit Schinken und Mango-Chutney 60
Schnelle Ricotta-Basilikum-Cannelloni 16
Schokolade
    Bunte Vanille-Waffeln mit Schokolade 84
    Karamell-Tiramisu 18
    Schokoladen-Cupcakes 102
Schweinebauch mit Pak Choi 198
Selbst gebackenes Gewürzbrot 96
Selfmade Buns 34
Sellerie (Knolle)
    Apfel-Sellerie-Suppe mit Walnüssen 58
    Waldorfsalat mit Cranberrys 40
Sellerie (Staude): Bohnen-Sellerie-Salat mit Chorizo 202
Sherry: Karamell-Tiramisu 18
Shiitake: Kokossuppe mit Garnelen und Shiitake 118
Sojabohnenkeimlinge
    Asiabowl mit Papayasalat und Nüssen 116
    Gemüse-Curry mit Hähnchenstreifen 120
Soljanka, Brandenburgische 160
Spargel, grüner: Rinderstreifen mit Spargel und Datteln 76
Speck (Bacon)
    Brandenburgische Soljanka 160
    New York Beef Burger mit Bacon 36
    Rheinischer Sauerbraten mit Bohnen 156
    Saarländischer Löwenzahnsalat 164
Spinat
    Schnelle Ricotta-Basilikum-Cannelloni 16
    Spinatsuppe mit Jakobsmuscheln 200
Süßkartoffeln: Sweet Potatoe Chips mit Guacamole 44
Sweet Potatoe Chips mit Guacamole 44

T

Tahin (Sesampaste): Kurkuma-Hummus mit Fladenbrot 140
Thunfisch
    Salat Nizza Style im Becher 78
    Thunfischeintopf mit Weißwein 14
Tomaten, Dose
    Auberginen mit Joghurt und Zatar 142
    Pizzette mit Rucola 20
    Ratzfatz-Moussaka mit Auberginen 56
    Zitronenhähnchen mit Feigen 136

Tomaten, frische
   Caponata auf Insalata mista 22
   Chicken Caesar Star mit Parmesan 38
   Crostini mit Tomaten und Pinienkernen 62
   Entrecôte mit Kirschtomaten 176
   Italienischer Aufschnitt 24
   Kurkuma-Hummus mit Fladenbrot 140
   New York Beef Burger mit Bacon 36
   Paprika mit Kartoffel-Oliven-Füllung 98
   Salat Nizza Style im Becher 78
   Thunfischeintopf mit Weißwein 14
Tomatenketchup: Berliner Currywurst mit
   scharfer Sauce 162
Tomatensauce
   Paprika mit Kartoffel-Oliven-Füllung 98
   Schnelle Ricotta-Basilikum-Cannelloni 16

V

Vanillejoghurt im Glas mit Beeren 64
Vanille-Waffeln mit Schokolade, bunte 84

W

Waldorfsalat mit Cranberrys 40
Walnüsse
   Apfel-Sellerie-Suppe mit Walnüssen 58
   Waldorfsalat mit Cranberrys 40
Wasabi: Cole Slaw mit Wasabi und Ananas 180
Weißkohl: Cole Slaw mit Wasabi und Ananas 180
Weißwein
   Miesmuscheln im Kardamomfond 144
   Thunfischeintopf mit Weißwein 14
Wildlachs: Gebratener Wildlachs mit Kräutersalat 204
Wraps mit Schinken und Mango-Chutney 60
Wurst: Brandenburgische Soljanka 160
Würstchen
   Berliner Currywurst mit scharfer Sauce 162
   Chili-con-Carne-Hot-Dog mit Aioli 80

Z

Zatar
   Auberginen mit Joghurt und Zatar 142
   Miesmuscheln im Kardamomfond 144
   Rinderstreifen mit Spargel und Datteln 76
   Selfmade Buns 34
Zitronen
   Asiabowl mit Papayasalat und Nüssen 116
   Auberginen mit Joghurt und Zatar 142
   Chili-con-Carne-Hot-Dog mit Aioli 80

Chili-Garnelen-Spieße mit Apfelspalten 178
Gebratener Wildlachs mit Kräutersalat 204
Kurkuma-Hummus mit Fladenbrot 140
Miesmuscheln im Kardamomfond 144
Sächsische Quarkkeulchen mit Kirschen 158
Sweet Potatoe Chips mit Guacamole 44
Zitronenhähnchen mit Feigen 136
Zucchini
   Grillgemüse mit Limetten-Guacamole 182
   Zucchinisuppe mit Karamellnüssen 100
Zuckerschoten: Kokos-Curry-Glasnudel-Suppe 82

APPETIT AUF MEHR?

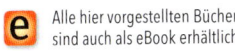

IMPRESSUM

© 2018 GRÄFE UND UNZER VERLAG GmbH, München

Konzept und Projektleitung: Alessandra Redies
Lektorat: Cora Wetzstein
Korrektorat: Ulrike Wagner
Innenlayout, Typografie und Umschlaggestaltung: independent Medien-Design, Horst Moser, München
Herstellung: Susanne Fuhrmann
Satz: Christopher Hammond
Reproduktion: Longo AG, Bozen
Druck: aprinta, Wemding
Bindung: Conzella, Pfarrkirchen

ISBN 978-3-8338-6696-8

1. Auflage 2018

Bildnachweis: Icons auf den Seiten 26/27, 46/47, 66/67, 86/87, 106/107, 126/127, 146/147, 166/167, 186/187, 206/207: Shutterstock; alle Fotos: Silvio Knezevic
Coverrezepte: Auf dem Cover sind die Rezepte von Tisch 9, Indoor Beef & BBQ zu sehen (s. S. 172–191).
Syndication: www.seasons.agency

GRÄFE UND UNZER

Ein Unternehmen der
GANSKE VERLAGSGRUPPE

Die Autoren

Sebastian Hoffmann ging nach seiner Kochausbildung in der Fünf-Sterne-Hotellerie in Chemnitz auf Wanderjahre ins Ausland und kochte dort in verschiedenen Edelrestaurants. Zurück in Deutschland kocht und arbeitet er seit vielen Jahren als Betriebsleiter und Markenbotschafter in der System- und Spitzengastronomie. Insider kennen ihn auch unter dem Namen »Gourmandpunk«. Als Guerilla-Koch lädt er hier regelmäßig wildfremde Menschen in seinen ganz privaten Supperclub ein. Sebastian Hoffmann lebt und arbeitet seit 2006 in München.
www.gourmandpunk.de

Katja Mutschelknaus, Food-Historikerin und Buchautorin, ist Jurorin der TV-Serie »Mein Lokal, Dein Lokal Spezial« – bei den Dreharbeiten lernte sie Sebastian Hoffmann kennen. Neben ihren eigenen Büchern schreibt sie als Co-Autorin und Ghostwriterin auch für Köchinnen und Köche aus dem TV-Bereich. In diesem Buch sorgte sie für Stil und Struktur auf den Planungsseiten, in den Anlesetexten sowie sämtlichen Tipps und Tricks.
www.mutschelknaus.de

Der Fotograf

Silvio Knezevic, freier Fotograf in München, widmete sich erst einmal noch anderen Interessensgebieten, bevor er 2006 sein Studio einrichtete. Nach einer Kochlehre arbeitete er in 5-Sterne-Hotels, außerdem als Caterer für Rockbands und als Foodstylist. Das Fotodesign-Studium an der Hochschule München gab dann den Ausschlag für seine jetzige Tätigkeit. Zu seinen Kunden zählen verschiedene Magazine, Unternehmen, Agenturen und Verlage. Tatkräftig unterstützt wurde er bei dieser Produktion von **Sven Christ** und **Fabian Weidner** (Foodstyling), **Barbara Dodt** (Propstyling), **Lisa Früchtl** (Fotoassistenz) und von allen Freunden, die für die Fotos an einen Tisch kamen.

www.facebook.com/gu.verlag